Prediger der Wahrheit

Oliver Zimmer

Prediger der Wahrheit

Von der Reformation zur modernen Elitenherrschaft

claudius

essay

Ich verbiete euch nicht das Lesen. Nur das Denken, das verbiete ich euch. Doch verbiete ich euch dies nicht, sofern eure Gedanken gut und in Gottes Sinne sind. Was ich also nicht erlaube, ist alles Unzeitgemäße, was außerhalb des Maßvollen und der guten Ordnung liegt.

Thomas Cranmer, Englischer Reformator[1]

INHALT

7 Vorwort

11 **Kapitel 1** Sola Scriptura

25 **Kapitel 2** Der Verlauf der protestantischen Reformation

31 **Kapitel 3** Widerstand im Namen der Freiheit

41 **Kapitel 4** Zurück zu Moses: Inspektionen und Regulative

53 **Kapitel 5** Die katechetische Offensive

69 **Kapitel 6** Das Versprechen an die Laien

77 **Kapitel 7** Von der Reformation zur modernen Epistokratie

93 Anmerkungen

Die protestantischen Reformatoren antworteten auf die Krisen der 1520er-Jahre – deutscher Bauernkrieg, Täuferbewegung, generelle Zunahme der Widerspenstigkeit biblisch inspirierter Untertanen –, indem sie den anfänglichen Primat der Heiligen Schrift (*sola scriptura*) an ein epistokratisches Prinzip zurückbanden. Als die Ernennung der Bibel zur moralischen Richtschnur die soziale Ordnung zu sprengen drohte, wurde ihre Auslegung erneut einem Milieu der Wissenden unterstellt. Somit wurde die Befreiungsideologie der frühen Reformation zunehmend eingeschränkt, wenn auch niemals vollständig verdrängt. Dabei spielten neben der Heiligen Schrift die ab dem 16. Jahrhundert von beiden christlichen Konfessionen in großer Zahl veröffentlichten Katechismen eine zentrale Rolle. Die epistokratische Wende verkörperte also – trotz ihrer protestantischen Wurzeln und konfessionellen Prägungen – eine gesamtchristliche Reformbewegung.

Die aus diesem innerchristlichen Glaubenskonflikt hervorgehende Kultur des Lernens und der Wissensvermittlung unterschied sich jedoch grundlegend von der traditionellen Epistokratie. Im Gegensatz zu dieser war sie dynamisch und nicht statisch, egalisierend und nicht hierarchisch bestimmt. Vor allem enthielt sie im Unterschied zur platonischen Herrschaftskonzeption der Philosophenkönige ein Versprechen der Mobilität: Wer die katechetisch vermittelten Glaubenslehren in sich aufnahm und ihre Verbreitung zu seiner Mission machte, konnte selbst in den Predigerstand aufsteigen. Nun war auch er imstande, sich an der Verkündigung letzter Wahrheiten zu beteiligen. Hier verband sich also, in spannungsvoller Weise, die epistokratische Forderung nach Akzeptanz eines moralischen Primats mit der meritokratischen Erwartung des Aufstiegs in ein neues Priestertum.

So gesehen lässt sich die Reformation als Wegbereiterin einer modernen Epistokratie begreifen, in der sich radikale und konservative, egalitäre und elitäre Elemente zu einer neuartigen Konstellation miteinander verbinden. Indem der vorliegende Beitrag diesen Vorgang in mehreren Schritten rekonstruiert, wirft er ein neues Licht auf die Wissensgesellschaft an der Schwelle zur Moderne wie auf unsere eigene Gegenwart. Wer begreifen möchte, warum die Idee, wonach den Wissenden und Weisen die Herrschaft im Staate zustehe, bis heute en vogue geblieben ist, kommt um das Reformationszeitalter nicht herum. Die meisten von uns mögen dem Gottesdienst selbst an religiösen Feiertagen fernbleiben; am langen Atem der Religion ändert das allerdings wenig. Gerade hier erweist sich William Faulkners Kommentar als nützlicher als die Behauptung einer angeblich säkularen Moderne, die das Selbstbild europäischer Gesellschaften seit gut zwei Jahrhunderten definiert. Das Vergangene ist nicht tot, es ist nicht einmal vergangen.[2]

Was bei den Revolutionen seit dem 18. Jahrhundert als gestalterischer Kniff gerade noch vertretbar wäre – das Hervorheben einer Stadt, Region oder eines Landes als Auslöser oder Zentrum des Ereignisses –, ergibt bei der Reformation wenig Sinn. Auch wenn sie an vielen Orten homogenisierend und staatsbildend wirkte, so bezog sie ihre intellektuelle und gesellschaftliche Schubkraft doch von einer Vielzahl von Orten. Und zwar in einem Maße, dass manche Historiker den Begriff der Reformation nur mit Vorsicht verwenden. Trotz der berechtigten Forderung nach geografischer Differenzierung scheint mir diese Skepsis gegenüber einer Gesamtschau jedoch wenig hilfreich zu sein. Es erscheint mir deshalb keineswegs abwegig, die Thematik dieses Buches einleitend mithilfe eines regionalen Beispiels zu umreißen.

An Ostern 1524 ereignete sich im Osten der Alten Eidgenossenschaft etwas, was noch einige Jahre zuvor undenkbar gewesen wäre. Doch im dritten Jahrzehnt des 16. Jahrhunderts begannen sich mit den religiösen auch die gesellschaftlichen Gewichte fast überall in Europa zu verschieben. Ort des Geschehens war mit St. Laurenzen die größte Kirche der unweit des Bodensees gelegenen Stadt St. Gallen. Ein Besucher des Gottesdienstes hatte sich unterstanden, dem Prediger offen zu widersprechen. Obschon die Quellen zum Motiv seines Widerspruchs schweigen, lässt sich dieses eruieren.[3] Dies ist möglich, weil der Zwischenfall den Stadtrat zu einer Regulierung des Gottesdienstes veranlasste. Sein Beschluss lautete schlicht und einfach: „Zur Vermeidung weiterer Zwietracht sollen alle Priester in St. Laurenzen das heilige Evangelium predigen, klar und rein, so dass sie ihre Aussagen mit der Bibel begründen können."

Eine Viererkommission, der neben dem St. Galler Reformator Joachim von Watt, genannt Vadian (1484–1551), auch der Stadtschreiber, ein Leutpriester und sein Helfer angehörten, sollte für die Umsetzung des Beschlusses sorgen. Damit hatte das protestantische Stadtregiment die Führung in geistig-kirchlichen Dingen übernommen. Die heilige Messe war in den Stadtkirchen ab sofort untersagt. Geistliche, die sich dem neuen Regime verweigerten, wurden entlassen. Und gleichzeitig stand es Laienpriestern ab sofort offen, in der Kirche zu predigen, immer unter der Bedingung, dass sie sich dabei auf nichts als die Heilige Schrift beriefen. Der Reformationsexperte Volker Leppin hat am Beispiel der lutherischen Reformation auf die Anziehungskraft dieses am Humanismus orientierten Modells auf tonangebende Kreise in den Städten aufmerksam gemacht: „Längst suchte man dort nicht mehr einfach den geweihten Kleriker, der zum Messvollzug beauftragt war, sondern den gebildeten Prediger, der in der Lage war, den Glauben angemessen zu erklären."[4]

Wer gedacht hatte, die ergriffenen Maßnahmen würden St. Gallen zu Ruhe und Ordnung zurückführen, wurde indessen enttäuscht. Eher bewirkten sie das Gegenteil. Besonders im Frühling und Sommer 1525 erlebte die Stadt eine unruhige Zeit. Bauern aus dem Umland der klösterlichen Grundherrschaft zitierten Bibelstellen, um ihrer Forderung nach Abschaffung des Zehnten Nachdruck zu verleihen. Derweil machten sich die Bewegungen der Täufer daran, das reformatorische Stadtregime durch seine abweichenden religiösen Auffassungen zu hinterfragen. Anstatt die von den Reformatoren geforderte Kindstaufe zu akzeptieren, praktizierten Täufer die normalerweise erst im Erwachsenenalter vorgenommene Glaubenstaufe und solidarisierten sich mit bäuerlichen Protesten und lokalen Reformversuchen auf Gemeindeebene. Vadian und seine Verbündeten im Großen Rat reagierten auf die Herausforderung ihrer noch fragilen Herrschaft mit einer Mischung aus weiteren Regulativen und

Zwang. So wurden sämtliche Laienpriester verpflichtet, ihre Loyalität gegenüber dem Stadtregiment mit einem Bürgereid öffentlich zu bekunden. Die beiden Frauenklöster St. Katharina und St. Leonhard mussten sich der Reformation anschließen. Nachdem das St. Galler Kloster 1528 die von den Protestanten geforderte Disputation nach Zwinglis Vorbild ausgeschlagen hatte, sicherte sich

St. Gallen die Unterstützung Zürichs für den Fall zu, dass die katholischen Schirmorte des Klosters die Stadt bedrohen sollten.

Doch damit war der Konflikt noch keineswegs überwunden. 1529 veranlasste der inzwischen zum Stadtpräsidenten aufgestiegene Reformator Vadian die Ausweisung der Mönche und die Inbesitznahme des Klosters durch die Stadt. Trotz generalstabsmäßiger Organisation durch die städtischen Behörden artete die Entfernung heiliger Objekte wie Statuen, Relikte und Bilder in einen kaum noch kontrollierbaren Bildersturm aus. Nach der Niederlage der protestantischen Kantone im Zweiten Kappeler Krieg ging das St. Galler Kloster 1531 zurück in katholischen Besitz, wobei die Stadtbehörden für die 1529 erfolgte Zerstörung Schadenersatz leisten mussten. Trotzdem ließ sich die Reformation in St. Gallen nicht mehr rückgängig machen. Wie auch anderswo in Europa führten die Versuche der religiösen Homogenisierung durch Bekehrung und Zwang auch in St. Gallen zur Spaltung des Christentums in zwei Konfessionen. Wobei die Abspaltung und Vertreibung der Täufer als Vertreter der radikalen Reformation hier noch nicht mitgerechnet ist. 1560 wurde die nun großmehrheitlich protestantische Innenstadt durch eine Mauer vom Klosterbezirk getrennt, deren Überreste noch heute zu besichtigen sind.[5]

Im weltgeschichtlichen Umbruch, der sich zu Beginn des 16. Jahrhunderts ereignete und unsere Gesellschaften bis heute prägt, spielte St. Gallen zweifellos eine weniger prominente Rolle als Wittenberg, Erfurt, Zürich oder Genf. In der Alten Eidgenossenschaft stellte die Stadt, rein chronologisch betrachtet, das zweite Zentrum der Reformation nach der Limmatstadt. Von seiner reformatorischen Ausstrahlung her lag es hinter Genf und Zürich an dritter Stelle. Trotzdem trugen sich damals in der grenznahen, je etwa 50 Kilometer von Konstanz und Bregenz gelegenen Stadt Dinge zu, die für die Reformation in Europa insgesamt typisch waren. Formaltheologisch lässt sich dieses Typische relativ einfach fassen: Von den sieben Sakramenten der katholischen Kirche übernahmen die Reformierten bekanntlich nur die Taufe und das Abendmahl; außerdem bildete die auf einen Bibeltext fokussierte Predigt nun den Kern des reformierten Gottesdienstes, wobei vor allem beim Abendmahl die Differenzen zwischen Luther und Zwingli ab 1524 deutlich hervortraten. Diese innerprotestantischen Unterschiede waren bekanntlich keineswegs auf Kontinentaleuropa begrenzt. Wer je an einem hohen Feiertag einen Gottesdienst der *Church of England* besucht hat, weiß, dass der Protestantismus trotz seiner Gemeinsamkeiten ein Haus mit zum Teil stark voneinander abweichenden Räumen geblieben ist.

Trotz dieser Differenzen – auch das zeigt das St. Galler Beispiel – gab es eine Gemeinsamkeit, die es uns erlaubt, von der Reformation als überregionalem Ereignis zu sprechen. Sie betrifft das, was man als die theologische Metaebene bezeichnen könnte: Ihr Dreh- und Angelpunkt war das Verhältnis der Menschen zur Heiligen Schrift. Diese Beziehung rückte mit der Reformation ins Zentrum von Theologie und religiöser Praxis. Im Vordergrund stand die Frage, wem die Deutung des Evangeliums obliegen sollte. Waren es die mittelalterliche Kirche und der von ihr ordinierte Klerus, die dafür zuständig waren? Oder waren es alle Christen, die sich die Heilige Schrift zur Richtschnur nahmen, ob sie nun theologisch geschult waren oder nicht. Welche Rolle durften Tradition, Gewohnheit und autorisierte Deutungen bei der Auslegung der Bibel spielen? War es tatsächlich nichts als das in der Bibel verkündete Wort Gottes – *sola scriptura* –, das von nun an gelten sollte?

Im historischen Rückblick lässt sich festhalten: Dass es hier eine theologische Frage vermochte, die gesellschaftliche und politische Landschaft in Europa derart tiefgreifend zu verändern, ist ganz außerordentlich.[6] Dazu trug die Stigmatisierung der anderen Seite zweifellos bei, die von Anhängern wie Gegnern der Reformation betrieben wurde. Die Bilder, die diese Freund-Feind-Ideologie befeuerten, waren durch und durch organisch: Man nahm seine Umwelt zunehmend in Kategorien von rein und unrein wahr, von vergifteter und reiner Erde, von öffentlichen Räumen, die es vom Unglauben zu purifizieren galt; wobei Protestanten und Katholiken einander auch bezüglich Gewaltbereitschaft nur wenig schuldig blieben.[7] Die religiöse Neuorientierung entsprang hüben wie drüben dem missionarischen Bedürfnis, das Christentum dem Boden des Aberglaubens, falscher Idole und scholastischen Regelzwangs zu entreißen, um es auf gereinigtem Fundament neu auferstehen zu lassen. Es handelte sich hier, in den Worten von Scott Hendrix, um nichts weniger als den Versuch der „Re-Christianisierung" einer christlichen Kultur, die den Reformgeistern als verdorben erschien.[8]

Im Vergleich zum erwähnten religiösen Kontrastprogramm besaßen theologische Fragen, um die sich die Reformatoren mit den ihnen als deviant erscheinenden Fraktionen ebenfalls heftig stritten – etwa in Bezug auf das Abendmahl, die Taufe, die Zulässigkeit von Heiligenbildern oder von Hymnen im Gottesdienst –, ein eher moderates Sprengpotenzial. Denn selbst die für den Protestantismus entscheidende Betonung des Glaubens (*sola fide*), der Offenbarung (*solus Christus)* und der Gnade (*sola gratia)* als Weg zum Heil schuf die Frage, wem die Deutung von Gottes Wort obliege, ja keineswegs aus der Welt. Eher verlieh sie dieser Frage – vor allem aufgrund der Relativierung guter Werke, die sich aus der Abhängig-

keit von Gottes Gnade ergab – eine neue Dringlichkeit. Der Grund dafür liegt auf der Hand: Beim Streit um die Vermittlung der Heiligen Schrift geht es um mehr als um Fragen der theologischen Exegese. Hier geht es – in der kurzen wie in der langen Dauer der Geschichte von Religion, Gesellschaft und Staat – um die Deutungshoheit über die Wahrheit schlechthin.[9] Diese Frage stellte sich am Übergang zum 16. Jahrhundert mit solcher Dringlichkeit, weil es hier zentral um den Zugang zu Heil und Erlösung ging. Wer hatte guten Grund, sich in dieser Frage Hoffnungen zu machen?

Laut dem führenden britischen Reformationshistoriker Diarmaid MacCulloch hatte sich die mittelalterliche Kirche im 15. Jahrhundert genau an diesem Punkt bei vielen Gläubigen ein ernsthaftes Vertrauensproblem eingehandelt. Weshalb? Weil diese Kirche – eher im Stillen als durch offizielle Verlautbarung – davon ausging, dass „die Spiritualität von Mönchen und Priestern derjenigen der Laien überlegen sei“ und dass „der Klerus deshalb eine bessere Chance habe, in den Himmel zu kommen". Dass hier ein klerikales Milieu das Seelenheil zuallererst bei sich selbst vermutete, es gewissermaßen gepachtet zu haben glaubte, hat offenbar eine sehr explosive Art der Kränkung provoziert. Ihr Elixier war nicht Eitelkeit, sondern die Furcht vor der sündenbehafteten Sinnlosigkeit der eigenen Existenz. Im Ressentiment gegenüber diesem elitären Klerikalismus sieht MacCulloch deshalb einen der Gründe, warum insbesondere Luther mit seinen *Adressen an den Christlichen Adel deutscher Nation* einen derart heftigen Sturm entfachen konnte.[10]

Besonders mit seiner Schrift *Von der Freiheit eines Christenmenschen* (1520) hatte der Wittenberger Reformator, in der Formulierung des Historikers Peter Blickle, „die Freiheit auf die Ebene der Theologie gehoben und angesichts der Religiosität der Zeit um eine heilsgeschichtliche Dimension erweitert"[11]. Zwar wirkte das Motiv des Widerstands gegen den Tyrannen seit Mitte des 15. Jahrhunderts im süddeutschen Raum – nicht zuletzt dank der geografischen wie zeitlichen Nähe der Appenzeller Kriege sowie des Schwabenkriegs – mentalitätsbildend. Doch die von der Druckerpresse beflügelte Reformation verlieh dem Widerstand ein neues Fundament. Es gab nun einen Text, auf den sich widerspenstige Geister zum Zwecke der Rechtfertigung ihrer gesamthaft recht disparaten Forderungen beziehen konnten.[12]

Bereits vor der Lancierung der lutherischen Katechismen in den 1520er-Jahren waren den Menschen in Flugblättern und Flugschriften die drei *sola* nahegebracht worden: *sola fide, sola gratia* und *sola scriptura.* Wobei sich die dritte Botschaft, wie schon gesagt, als besonders populär erwies. So predigte nun selbst Luther, wie insbesondere Cranachs vielfach reproduzierte Porträts versinnbildlichen, stets vor geöffneter Bibel. Der ehemalige Augustinermönch, der ab 1514 in Wittenberg im Doppelamt als Professor für Bibelauslegung und als Prediger an der Pfarrkirche wirkte, erscheint in diesen Darstellungen nicht mehr als Kirchenmann im traditionellen Sinne, sondern als einer, der seine in der Christenwelt umstrittene Wahrheit einzig dem Wort Gottes verdankte: als ein tiefgläubiger, auf die Gnade Gottes vertrauender Vermittler der Heiligen Schrift.[13]

Luthers herausragendes Talent, Theologie bei Bedarf auch politisch zu wenden, trug viel zur Verbreitung dieser Botschaft bei. Auf dem Reichstag zu Worms 1521, wenige Wochen nach der Verbrennung der päpstlichen Bannandrohungsbulle vor dem Wittenberger Elsertor (wo Luther selbst ein Exemplar der Bulle ins Feuer geworfen hatte[14]), beschrieb er die Kirche Roms als Gefängnis des Glaubens: „Denn das kann niemand leugnen oder verbergen, da es die Erfahrung und die Klage aller bezeugen, dass die Gesetze des Papstes und die Menschenlehren die Gewissen der Gläubigen elend in Fesseln geschlagen, misshandelt und zu Tode gefoltert haben und dass vor allem in dieser ruhmreichen deutschen Nation Hab und Gut von unglaublicher Tyrannei ohne Ende und auf unwürdige Weise verschlungen worden sind und noch verschlungen werden."[15]

Als er aufgefordert wurde, seine Position entweder zu widerrufen oder sich der Häresie schuldig zu bekennen, wechselte Luther virtuos auf das Feld der Theologie. Dabei gründete er seine Verteidigung, die ihn ein Jahr auf der Wartburg kostete, auf das Prinzip des *sola scriptura.* Sein Gewissen beruht einzig und allein auf dem Evangelium. Eine auf Wahrheit gebaute Herrschaft und Ordnung, so gab er den Reichsständen zu verstehen, sei nur in der Heiligen Schrift zu finden. Es war dieselbe Botschaft, die Luther in den folgenden Jahren mittels Hunderter von Flug- und Druckschriften verbreiten sollte:

> „Weil Eure geheiligte Majestät und Eure Herrschaften es verlangen, will ich eine schlichte Antwort geben, die weder Hörner noch Zähne hat: Wenn ich nicht durch das Zeugnis der Heiligen Schrift oder vernünftige Gründe überwunden werde – denn weder dem Papst, noch den Konzilien allein vermag ich zu glauben, da es feststeht, dass sie wiederholt geirrt und sich selbst widersprochen haben –, so halte ich mich überwunden durch die Schriften, die ich angeführt habe, und

mein Gewissen ist durch Gottes Worte gefangen. Und darum kann und will ich nichts widerrufen, weil gegen das Gewissen zu handeln weder sicher noch lauter ist.

Gott helfe mir. Amen.“[16]

Dieser Positionsbezug kann insofern nicht überraschen, als Luther die Gefahr einer selbstzentrierten Auslegung der Schrift bei den professionellen Bibelexegeten für größer hielt als bei den Laien. Der theologisch hochgebildete Reformator meinte sich im Grundsatz also mit, wenn er vor den selbstherrlichen Tendenzen von Theologen und Klerikern warnte und den Primat von Heiliger Schrift und religiösem Gewissen einforderte. Diese Überzeugung verstärkte nur seine Forderung, dass die Schrift bei der Interpretation von Gottes Wort, wenn auch nicht das einzige, so doch stets das letzte Wort haben solle.[17] Luther frönte hier nicht etwa einem Dogmatismus der Schrift, sondern handelte im Einklang mit seiner theologischen Überzeugung: Der wahre Geist Gottes konnte die Herzen der Gläubigen nur über dieses Äußere – sein in der Heiligen Schrift offenbartes Wort – erreichen. Das Teuflische bestand für Luther darin, „von Christus und seinem heiligen Wort nichts zu wissen“[18].

Als sozial- und politikgeschichtlich relevant erwiesen sich aber weniger diese theologischen Feinheiten als die befreiend wirkende Botschaft der Bibel als Schlüssel zur letzten Wahrheit. Laut Blickle eröffnete diese Vision des Evangeliums den Bauern eine „neue Hermeneutik", die in den berühmten *Zwölf Artikeln* süddeutscher Bauernführer von 1525 zum Ausdruck kam. Im Grunde ging es dabei um die Idee einer in göttlichem Recht gründenden Verfassung. Diese wäre nach Blickle „ohne die Reformation und ihren Rückgriff auf das Evangelium als alleiniger Norm für Theologie und Glauben schwer möglich gewesen. Nicht ohne Grund baten die Bauern die Reformatoren mittels eines gedruckten Aufrufs, der ausdrücklich Richterliste heißt, um Gutachten zu ihren Artikeln, als auch den Leibeigenschaftsartikel."[19]

Kapitel 2 Der Verlauf der protestantischen Reformation

An diesem Punkt dürfte es hilfreich sein, den Verlauf der Reformation kurz zu skizzieren. Nach Wohlgast lassen sich drei Phasen unterscheiden. Auch wenn sich diese im konkreten Fall überschneiden, so beschreiben sie doch eine Dynamik, wie sie nicht nur auf den Hauptbühnen der Reformation zu beobachten ist. Die *erste Phase* war von jener Polemik gekennzeichnet, der die Reformatoren ihren Aufstieg zu einem guten Teil verdankten. Diese Phase war erstens personenzentriert und sie stand zweitens – und ungleich bedeutsamer – im Zeichen einer Mobilisierung breiter Bevölkerungsschichten im Namen des reinen Wortes. Die treibenden Kräfte waren hier neben Luther oder Zwingli die zumeist humanistisch gebildeten Geistlichen, die vor allem in den Städten, teilweise jedoch auch auf dem Land aktiv geworden waren. Die gemeinsamen Elemente ihrer Botschaft lauteten nach Wohlgast: „Wort

Gottes als letzter Bezugs- und Legitimationsautorität, Rechtfertigung aus dem Glauben, tätige Nächstenliebe, allgemeines Priestertum der Getauften, Verwerfung der Heiligenanbetung, Aufhebung der Verbindlichkeit von Zölibat und Klostergelübden.“[20] Auch wenn dies kaum der Absicht ihrer reformatorischen Urheber entsprach: Dem Inhalt dieser Botschaft ließ sich, je nach Kontext und Intention der Beteiligten, stets auch eine egalitär-populistische Richtung geben, die zu den bestehenden sozialen Spannungen der Zeit sprach.

Auf diese Etappe der unmittelbaren Mobilisierung folgte eine *zweite Phase*, die durch Unordnung und Konflikte geprägt war. In den Jahren 1523–1525 drohten die Reformatoren und ihre Verbündeten in den städtischen Ratsstuben mancherorts die Kontrolle über die Ereignisse zu verlieren. Ursache dieses Kontrollverlusts war einerseits der bereits beschriebene Umgang mit der Heiligen Schrift, der das reine Evangelium über Tradition und Kirchenrecht setzte. Laien wurden dazu ermuntert, sich getreu dem ersten Petrusbrief als Teil eines Priestertums aller Gläubigen zu begreifen und entsprechend aktiv zu werden. Von der dadurch freigesetzten gesellschaftlichen Dynamik zeigten sich die Reformatoren und ihre Verbündeten allerdings immer öfter schockiert. Durch Auslösung einer sozialen Revolution der „gemeinen Leute“ sich selbst abzuschaffen: so war das mit dem Verweis auf die Heilige Schrift im Sinne von *sola scriptura* ja keineswegs gemeint gewesen.

In der *dritten Phase* reagierten die Reformatoren und ihre Weggefährten genau auf dieses Bedrohungsszenario. Diese Periode war deshalb gekennzeichnet vom Versuch, die Botschaft des reformatorischen Glaubens so weit als möglich zu homogenisieren und an eine einzige autorisierte Vermittlungsstruktur zurückzubinden. Hier kam es auch zu jenem Bündnis der Reformatoren mit der weltlichen Macht, die uns das eingangs erläuterte St. Galler Beispiel bereits vor Augen führte. Hier wurden jene Kirchenstrukturen geschaffen, von denen sich die Reformatoren und ihre Sympathisanten vor Kurzem noch distanziert hatten. Damit einher ging, auf der theologisch-ethischen Ebene, eine zunehmende Entschärfung der religiösen Botschaft. Die Rolle von Laien bei der Glaubensvermittlung sollte tendenziell eingeschränkt werden. Wo Laien nach wie vor tätig waren, sollten sie sich auch im Protestantismus vermehrt an theologischen Regulativen orientieren. Das evangelische Laientum sollte vermehrt in den Dienst der sich formierenden protestantischen Kirchenordnungen gestellt werden. Dies war nun vielerorts das Ziel.

Natürlich – darauf hat die neuere Forschung zu Recht hingewiesen – muss grundsätzlich zwischen Rhetorik, Intention und Wirklichkeit unterschieden werden. Die Frage, wieweit die neuen Maßnahmen griffen, stellt sich zweifellos. Dies gilt besonders in Bezug auf den Gegensatz zwischen der Autorität der Schrift (im Sinne von *sola scriptura*) und dem kirchlichen Deutungs- und Wahrheitsanspruch. Wie wichtig die Autorität von religiösen Experten auch im 16. Jahrhundert und darüber hinaus bleiben sollte, lässt sich an der zentralen Rolle von Katechismen ablesen, von denen in diesem Beitrag noch ausführlich die Rede sein wird.

Gesamthaft lässt sich feststellen, dass die protestantische Reformation zwei Arten von Narrativ förderte: zunächst eine oft explizit gegen den Papst gerichtete Kritik, die das reine Evangelium predigte und die Bücher der Bibel als neuen Kanon präsentierte; dann, als Antwort auf die sich verschärfenden sozialen Unruhen und Konflikte, ein auf die Katechismen fixiertes Belehrungsnarrativ, das sich an die eigenen Gläubigen richtete. Während die Reformation in ihren libertären Anfängen Laienpriester auf den Schild gehoben hatte und auch zu radikalen Gruppierungen zumindest nicht auf Distanz gegangen war, stellten ihre Protagonisten nun immer häufiger die Frage, ob das gemeine Volk die Bibel auch zu verstehen vermöge.

Damit ist die Einsicht der neueren Geschichtsschreibung zur Reformation umrissen: Die Aneignung der Heiligen Schrift erfolgte kaum je unmittelbar, sondern war an vielfältige Formen der Vermittlung gebunden. Der

Grund dafür liegt auf der Hand: Die Bibel, so haben besonders Theologen immer wieder argumentiert, ist an vielen Stellen komplex und voraussetzungsreich, weshalb ein gerütteltes Maß an Belehrung notwendig war. Die von den Reformatoren anfangs behauptete direkte Aneignung der Heiligen Schrift durch die Gläubigen entspricht, so betrachtet, einem Fantasiegebilde.[21]

Man sollte es mit der Relativierung von *sola scriptura* jedoch nicht übertreiben. Denn auch wenn die Komplexität der Bibel stets nach gelehrter Vermittlung verlangte, so änderte dies nichts am revolutionären Potenzial, das durch die theologische Einforderung der Heiligen Schrift als Letztbeweis entstand. Dank dem Buchdruck hatten Ideologie und Rhetorik zudem seit dem 15. Jahrhundert eine große soziale Gestaltungskraft erlangt. Und so konnte die Erhebung des Evangeliums zum Kronzeugen ab dem 16. Jahrhundert ein Eigenleben entfalten, das die gesellschaftliche Ordnung in ihren Grundfesten zu erschüttern vermochte. Weder die anfängliche (in der Tendenz populistisch-egalitäre) Mobilisierung noch die (in der Tendenz konservativ-hierarchische) Neuausrichtung, mit der die Reformatoren auf die Unruhen der 1520er-Jahre reagierten, wäre ohne diese Botschaft denkbar gewesen.

Den stärksten Beleg für diese Sichtweise liefert mit Martin Luther der wichtigste Reformator gleich selbst. Seine Theologie hatte spätestens ab 1520 auch aufgrund ihrer inneren Widersprüche weitherum starke Emotionen freigesetzt. So ließ Luther sich einerseits von 5,29 der Apostelgeschichte inspirieren, die das in der Bibel verkündete Wort Gottes als Hauptquelle legitimer Herrschaft präsentiert: „Petrus aber antwortete und die Apostel sprachen: ‚Man muss Gott mehr gehorchen denn den Menschen.'" Und andererseits nahm Römer 13,1 einen immer wichtigeren Platz in seinem Denken ein. So heißt es gegen Ende seines *Kleinen Katechismus*: „Jedermann sei Untertan der Obrigkeit, die Gewalt über ihn hat. Denn es ist keine Obrigkeit außer von Gott. Wo aber Obrigkeit ist, ist sie von Gott angeordnet. Darum: Wer sich der Obrigkeit widersetzt, der widerstrebt Gottes Anordnung; die ihr aber widerstreben, werden ihr Urteil empfangen; denn sie trägt das Schwert nicht umsonst; sie ist Gottes Dienerin, eine Rächerin zur Strafe über den, der Boeses tut. Röm. 13."[22]

Es wäre schon deshalb fragwürdig, Luther hier Berechnung zu unterstellen, weil der leutselige Augustiner die Öffentlichkeit anfangs kaum gesucht hatte. Dies änderte sich Ende 1520 nach seiner Verdammung als Häretiker durch den Papst, und vor allem mit dem Wormser Edikt 1521, als er plötzlich um sein Leben fürchten musste. Die

Gewaltbereitschaft, die sich im Bauernkrieg von 1525 entlud, sollte Luther zusätzlich politisieren. Auf einmal fand sich der Wittenberger Reformator in der Position des Zauberlehrlings wieder. Dass seine Heraushebung der besagten Petrusstelle zur Hinterfragung der Obrigkeit ermuntern konnte, dafür liefern die *Zwölf Artikel* der süddeutschen Bauern den wohl eindrücklichsten Beleg. Zu ihrem Forderungskatalog gehörte die Pfarrwahl durch die Gemeinde, die Aufhebung der Leibeigenschaft, die Freigabe von Jagd und Fischerei, die Erweiterung der Gemeinderechte (Verwaltung der Zehnten durch die Gemeinde) sowie eine eher moderate Abgabenerleichterung. Durch den gemeinsamen Eid erlangten diese Forderungen laut Blickle den Charakter einer Bundesordnung.[23] Göttliches Recht bedeutete für die Unterzeichner der Artikel aber auch, dass man sich dem Gericht Gottes am Ende zu unterwerfen hatte. So verbanden die Bauern in der Präambel ihre Forderungen nach Mitsprache mit einem Zeugnis ihrer Gottesfurcht. Nicht der aus der Bibel abgeleitete Anspruch auf Veränderung, sondern die Gnade Gottes hat das letzte Wort: „Ob aber Got die Pauren [...] erhören will, wer will den Willen Gottes tadeln."[24]

Bekanntlich wollte keiner der Reformatoren die Bitte der Unterzeichner nach Unterstützung ihrer Forderungen aufnehmen, wobei es Luther und Philipp Melanchthon nicht beim Schweigen beließen.[25] Nachdem mehrere

Tausend aufständische Bauern in Oberschwaben ihrer Obrigkeit vertragliche Zugeständnisse abzuringen vermochten – die Leibeigenschaft blieb zwar formal bestehen, faktisch war sie jedoch ab diesem Zeitpunkt in Auflösung begriffen –, erklärt sie Luther als „vor Gott schon verdammt". Den Bauern warf er vor, seine eigene, an der mittelalterlichen Mystik orientierte Vision von Freiheit missverstanden zu haben: Sie hätten seinen christlichen Freiheitsbegriff zu sehr verweltlicht („verfleischlicht"), um ihn für ihre eigenen Zwecke missbrauchen zu können.[26] Peter Blickle fängt die Umkehr, die Luther in dieser Krise vollzog, pointiert ein: „Luther hatte mit dem Traktat ‚Von der Freiheit eines Christenmenschen' ein Wort freigelassen, auf das sich alle Argumente gegen die Leibeigenschaft fokussieren ließen – Freiheit. Als es seine Wirkung tat, versuchte er es wieder einzufangen. Aus der Freiheit des Christen folge mitnichten eine solche des Menschen, das zu verlangen hieße, ‚christliche Freiheit ganz fleischlich zu machen'."[27]

Auch die von Zürich, St. Gallen und Basel aus in den deutschen und europäischen Raum ausgreifende Täuferbewegung wäre ohne die Botschaften von *sola scriptura* und Priesterschaft der Getauften undenkbar gewesen. Dabei war das Ausmaß der Orientierung an der Heiligen Schrift bei den Täufern keineswegs einheitlich. Jemand wie Wilhelm Reublin verkörperte mit seinem

Verhalten sicher den radikalen Flügel innerhalb der Bewegung. An der Fronleichnamsprozession vom 19. Juni 1522 trug Reublin, damals noch Basler Leutpriester, statt der vorgeschriebenen Reliquien demonstrativ die Bibel vor sich her, wobei er immerzu rief: „Das ist das wahre Heiltum, das andere sind Totenbeine". Die strikte Orientierung an der Bibel sollte sich tatsächlich als Scheidewand entpuppen, die Täufer und Spiritualisten voneinander trennte.[28]

Bei der entscheidenden Frage nach der Bedeutung der Heiligen Schrift zeigt sich: Für eine wirkungsgeschichtliche Sicht auf die Reformation ist es unerheblich, dass die führenden Reformatoren den Bibelpositivismus der Täufer mit der Zeit deutlich zurückwiesen.[29] Entscheidend ist, dass sie diesen Positivismus anfangs zumindest goutierten, was es den Täufern erleichterte, zwei Ideen rundweg abzulehnen. Einerseits das von Zwingli vertretene *Corpus Christianum*, in dem Staat und Kirche, Bürgergemeinde und Christgemeinde einen einzigen Körper bilden sollten. Danach waren Städte wie Zürich oder St. Gallen, aber auch kleinere Gemeinden, Körper einer universalen christlichen Gemeinschaft. Auf diese Weise wurde das Bündnis von religiösem Glauben und weltlicher Macht, von Kirche und Staat, legitimiert. Auch Luther und seine Anhänger arrangierten sich bekanntlich mit der weltlichen Obrigkeit. Dagegen waren die Täufer

Befürworter christlicher Gemeinden, die sich ad hoc bilden und staatliche Eingriffe in die Religion strikt ablehnen.[30]

In diesem freikirchlichen Verständnis der Christgemeinde als Willensakt gründet auch die Ablehnung der Kindstaufe. Die Glaubenstaufe etablierte sich hier als Gründungsritual neuer christlicher Gemeinden. Als sich der Täufer Felix Mantz im Dezember 1524 kurz vor seiner Verurteilung zum Tod in einer Schutzschrift an den Rat von Zürich wandte, verlangte er von diesem „schriftlich und schwarz auf weiß" den Nachweis der Kindstaufe.[31] Dass sich diese durch kein Bibelzitat rechtfertigen lässt, kam den Täufern gelegen. Reformatoren wie Zwingli oder Luther stellte es dagegen vor ein ernsthaftes Problem, auf das sie mit einer Mischung aus Dogmatismus und Autoritarismus reagierten.[32] Auch deshalb folgte auf die Theologie der Befreiung eine Theologie der Disziplinierung. So distanzierte sich Huldrych Zwingli, der führende Täufer wie Konrad Grebel oder Felix Mantz persönlich gut kannte, schon bald von ihnen.[33]

Grundlegend für Zwinglis Kritik an den Täufern war seine Einteilung der Protestanten in drei evangelische Glaubensmilieus. Das erste Milieu nannte er die „negativen Protestanten", wozu der Zürcher Reformator all jene zählte, die evangelisch geworden waren, „weil sie den Katholizismus hassen". Die zweite Gruppe bestand nach Zwingli aus einem Sammelbecken der „libertinischen Protestanten“, die „im Evangelium nur eine Gelegenheit sehen, ein ungebundeneres und loseres Leben zu führen“. Lediglich die dritte Gruppe bestand nach ihm aus Rechtgläubigen, deren einziges Ziel es war, „immer tiefer in die Heilige Schrift einzudringen“. Das Pech der Täufer war es, so könnte man aus dieser Einteilung des Reformators schließen, dass sie sich nicht ins Team Zwingli integrieren ließen.[34] Und schon gar nicht ins Team Luther, was sie gesamthaft noch teuer zu stehen kam.

Auch wenn es sich kaum je abschließend wird belegen lassen: Zwinglis Distanzierung von den Täufern erfolgte wohl weniger aufgrund grundsätzlicher theologischer Differenzen als wegen der sozialen Sprengkraft ihrer Forderungen. Dazu kam seine positive Einstellung zu einer republikanischen Spielart der Theokratie. Dass die Täufer das Corpus Christianum ablehnten, machte sie in seinen Augen zu einer Gefahr für die öffentliche Ordnung.[35] Auch beim Grossen Rat von Zürich war die Angst vor einem Ordnungsverlust ausgeprägt, mit drastischen Folgen für die regionale Täuferbewegung. Auch in der Eidgenossenschaft wurden die Täufer verfolgt oder ihren Feinden ausgeliefert. Letzteres trifft auf die 1525 aus der Stadt St. Gallen vertriebenen Täufer Hippolyt Eberle und Hans Krüsi zu. Sie wurden nach ihrer Vertreibung in Schwyz und Luzern – beides Schirmorte des Klosters St. Gallen – aufgegriffen, gefoltert und anschließend öffentlich verbrannt. In Zürich wurden zwischen 1527 und 1531 vier Täufer – der mit Zwingli gut bekannte Felix Mantz sowie drei Bauern aus dem Zürcher Oberland – auf Geheiß eines Ratsbeschlusses vom 7. März 1526 in der Limmat ertränkt. Damit hatte man der Täuferbewegung in der Eidgenossenschaft bereits Anfang der 1530er-Jahre den Schneid abgekauft. Freikirchen entwickelten sich ab diesem Zeitpunkt nur noch in entlegenen Talschaften, von wo aus sie den Herrschaftsanspruch der reformierten Städte nicht mehr gefährden konnten.[36]

Gleichzeitig verlagerte sich die Täuferbewegung vermehrt nach Deutschland, Österreich und in andere von der Reformation erfasste Länder. Doch die davon betroffenen Landesfürsten reagierten rasch und zumeist erbarmungslos. Auf dem Reichstag von Speyer wurden die Täufer 1529 öffentlich als Ketzer bezeichnet, sodass man sie künftig ohne rechtliche Schranken ihrem Urteil zuführen konnte. Nach konservativen Schätzungen sind im Reformationszeitalter etwa 4.000 bis 5.000 Personen – darunter Männer, Frauen und Kinder – „als täuferische Ketzer in den Flammen, im Wasser oder unter dem Schwert umgekommen, wobei evangelische und katholische Obrigkeiten sich bei diesem Feldzug gegen die angeblichen Häretiker einträchtig die Hand reichten“[37].

Oder war die Verfolgung der Täufer nicht doch einer Vernunft geschuldet, die auf die Bewahrung der öffentlichen Ordnung abzielte? Große Teile der älteren Forschung zögerten nicht, sowohl rebellierende Bauern als auch Täufer in genau diesen Kategorien als hoffnungslose Schwärmer oder gefährliche Brandstifter darzustellen, die sich mit ihrem Tun außerhalb der Reformation stellten. Dass es unter beiden Gruppen solche Schwärmer und Extremisten gab, steht außer Zweifel. Bloß bildeten rebellierende Bauern und aufmüpfige Täufer zu keiner Zeit eine die bestehende Ordnung gefährdende Mehrheit. Die Kausalität scheint eher umgekehrt gewirkt zu haben: Insbesondere das brutale Vorgehen der Obrigkeit im deutschen Bauernkrieg scheint einzelne ihrer Vertreter radikalisiert zu haben. Für die Reformatoren und ihre Unterstützer auf den Amtsstuben fiel das jedoch kaum ins Gewicht.[38]

Laut MacCulloch erfolgte Luthers Wandel vom Anwalt des einfachen Christen zum Apologeten der brutalen Unterdrückung widerspenstiger Gläubiger nicht zuletzt aus schlechtem Gewissen. Der deutsche Reformator habe nachweislich erkannt, dass die Erhebung der Bauern ohne seine evangelische Botschaft undenkbar gewesen wäre. Nun galt es den Flächenbrand, den er entfacht hatte, in seinem eigenen Überlebensinteresse zu löschen. Dies erklärt nicht nur die Verteufelung der Bauern in seinen Polemiken. Es begründet auch seine Haltung zur Reformation in den Gemeinden. So unterließ es Luther ab 1525 konsequent, die gemeinen Leute zur Wahl ihrer Pfarrer aufzufordern. Diese Kompetenz wurde nun vermehrt der lokalen Selbstbestimmung entzogen und an landeskirchliche Beamte übertragen. Derselbe Geist leitete den deutschen Reformator, wenn es um die Verwaltung von Besitztümern oder die Bezahlung der Kirchendiener ging. Er betrachtete dies nun als etwas, was in die Kompetenz säkularer Prinzen fiel.[39]

Kapitel 4 Zurück zu Moses: Inspektionen und Regulative

Doch dabei blieb es nicht. Parallel zur institutionellen kam es zu einer kulturellen Offensive, die vor allem die Prägung von Wahrnehmung und Bewusstsein betraf. Auf die libertäre Phase der Reformation folgte eine Periode der intensiven Instruktion und versuchten Homogenisierung der Glaubensinhalte. Konkret bedeutete dies eine starke Aufwertung der mosaischen Gesetze und ganz generell des Alten Testaments. Diese waren während der Frühphase der Reformation, obschon niemals ganz obsolet, in den Hintergrund getreten. Und gleichzeitig kam mit den Katechismen ein Instrument der Glaubensvermittlung hinzu, bei dem sich die Kooperation von Reformation und weltlicher Herrschaft gut dokumentieren lässt. Was sich theologisch als Distanzierung vom ursprünglichen reformatorischen Glaubensideal begreifen lässt, ist historisch betrachtet eine Antwort auf eine Krise der bestehenden

Ordnung. Nun fühlten sich Reformatoren und weltliche Herrschaft vermehrt aufeinander angewiesen. Es kam zu einem Nehmen und Geben, wobei es oft kaum zu entscheiden ist, wer im konkreten Fall der Geber war und wer der Nehmer.

Die proto-staatskirchlichen Allianzen, die damals geschmiedet wurden, wären jedenfalls ohne die Wahrnehmung einer die eigene Existenz bedrohenden Krise kaum ins Leben gerufen worden. Dazu gehörte die Kampagne zur Regulierung des Glaubens durch Inspektionen und Katechismen. Gemäß MacCulloch war diese mit dem langfristigen Ziel der Reformatoren vereinbar. Dieses habe darin bestanden, den Menschen einen disziplinierten Umgang mit der Bibel beizubringen, ohne dadurch ihre emotionale Bindung ans Evangelium durch einen rigiden Doktrinarismus zu schwächen oder gar zu beschädigen. Die evangelischen Laien sollten in die Lage versetzt werden, sich die Reformation selbst anzueignen, anstatt die Entscheide religiöser Experten passiv umzusetzen: getreu dem Ideal der Priesterschaft der Getauften. Und gleichzeitig sollte dieser Vorgang in geordneten Bahnen verlaufen, weshalb die Vermittlung von Wissen und Wahrheit von einem Milieu von Experten auszugehen hatte.[40]

Diese Interpretation hat einiges für sich. Jedenfalls ist sie gehaltvoller als jene, die die Reformatoren und die ihr dienenden Geistlichen zu Handlangern des frühneuzeitlichen Staatsbildungsprozesses reduziert.[41] Die Reformation erscheint hier nicht als Nullsummenspiel, das von der einen (sich auf Freiheit à la *sola scriptura* beziehenden) oder anderen (auf die mosaische Gehorsamspflicht pochenden) Partei gewonnen wurde. Eher geht man davon aus, dass es Synthesen und Mischverhältnisse waren, die ihr ihre besondere Dynamik verliehen. Um das bereits verwendete Bild in diesem Sinne zu differenzieren: Die Theologie der Befreiung wurde nicht durch die Theologie des Autoritarismus ersetzt; eher war es so, dass sich beide im 16. Jahrhundert zu einer neuen Konstellation vermischten. Dabei vermengten sich die egalisierenden mit den hierarchischen, die partizipatorischen mit den regulierenden, die befreienden mit den stabilisierenden Kräften.

Auf diese Weise brachte die Reformation eine neue epistokratische Kultur hervor. Was sie von der traditionellen Epistokratie unterschied, war mit dem Versprechen auf Statusverbesserung ein im Grunde meritokratisches Element. Nun war es möglich geworden, durch Annahme der absoluten Wahrheit in den Stand der Wissenden und Weisen aufzusteigen. Freiheit bedeutete hier in der Tendenz, an der Bibelauslegung im Sinn und Geist der Katechismen zu partizipieren. Sie bedeutete also nicht, den Inhalt der Bibel nonkonform auszulegen. Dieser Vorgang der Harmonisierung des Glaubens wurde ab dem 16. Jahrhundert auch für die katholische (Gegen-) Reformation wichtig. Das zeigt sich nicht zuletzt an den Visitationen, die damals parallel zur Ausarbeitung neuer Katechismen in vielen europäischen Regionen durchgeführt wurden. Sie wurden von reformierten wie katholischen Autoritäten gleichermaßen gefördert. Beides – Visitationen und Katechismen – spielten bei der von beiden Konfessionen (und ihren diversen internen Abspaltungen) angestrebten Erneuerung des Christentums eine zentrale Rolle.

Die Inspektionen und Regulative zuerst: Diese gewannen mit dem Ausklang der wilden Frühphase der Reformation fast überall in Europa an Gewicht. Diesbezüglich besitzen wir für den deutschen Sprachraum im *Unterricht der Visitatoren* ein auch im internationalen Vergleich hervorragendes Zeugnis. Dieses umfangreiche Regulativ wurde von „Wittenberger Theologen mit Unterstützung von kursächsischen Juristen und Verwaltungseliten im Auftrag Kurfürst Johanns von Sachsen im Sommer und Herbst 1527 verfasst und im Frühling 1528 gedruckt“[42]. Es handelt sich um einen Leitfaden für künftige Inspektoren, der die enge Zusammenarbeit von Reformation und Staat eindrücklich dokumentiert. Landesherrschaft und Reformatoren erkannten im anderen den Agenten für die eigene Sache. Eike Wohlgast formulierte es mit der Nüchternheit des Rechtshistorikers: „Durch das sogenannte landesherrliche Kirchenregiment erhielten die weltlichen Laienobrigkeiten papal-episkopale Funktionen, und der Staat übernahm autonom und aus eigener Vollmacht Kompetenzen in Bereichen, die bisher … Sache der geistlichen Autoritäten gewesen waren."[43]

Dass selbst Luther und seine Weggefährten zu diesem Schritt die Hand boten, ist angesichts ihrer einstigen Ablehnung eines hierarchischen Kirchenregiments bemerkenswert. Mit der Erfahrung des Bauernkriegs erlangte auch für Luther der Gehorsam und die Normierung der Glaubensinhalte Priorität, wie aus einer seiner bekannten Verlautbarungen gegen radikale Reformbestrebungen hervorgeht: „Da gibt niemand, da bezalet niemand, opffer und seelpfennige sind gefallen, Zinsen sind nicht da oder zuwenig, so acht der gemeyn man widder prediger noch pfarrer."[44] Von Freiheit und allgemeinem Priestertum war nun kaum noch die Rede. Dafür ging es vermehrt darum, die Pfarrer zur korrekten Deutung der Schrift anzuhalten und jene, die sich diesem Vorhaben widersetzten, aus dem Kirchendienst zu entfernen. Durch Inspektionen sollten jene Prediger identifiziert werden, die Gläubige unter Einsatz von Gottes Wort gegen die Obrigkeit aufwiegelten.[45] So heißt es in der Visitationsordnung vom 16. Juni 1527: „Aber an allen orten sol den pfarern, predigern und capplanen gesagt und ernstlich angezaigt werden, das sich ir keiner nit unterstehe, anders zulere, predigen oder der sacrament und ceremonien halben zuhandeln, dan nach vormugen gotlichs worts, und in der einfalt, wie das von uns und den unsern in dieser zeit, dar inne got sein gnaden gethan und gegeben hat, angenommen ist.“[46] Auch bei der Zusammensetzung der Visitationskommissionen zeigte sich laut Volker Leppin nun die Dominanz der weltlichen Ordo-Fraktion: „Juristen und erfahrene Verwaltungsbeamte waren nun wichtiger als Kirchenleute.“[47]

Damit einher ging auf der theologischen Ebene eine deutliche Aufwertung des Alten Testaments. Das frühreformatorische Liebäugeln mit der Vorstellung, das Evangelium könne die soziale Ordnung garantieren, hatte der weltlichen Herrschaft schon länger Kopfzerbrechen bereitet. Laut Leppin war man hier schon früh zur Einsicht gelangt: Wenn Gott keine Quelle der Angst mehr darstellt, verliert die Angst vor gerechter Bestrafung ihre Kraft. Im *Unterricht der Visitatoren* wurde deshalb der Sünde – illustriert anhand des Tatbestands der Völlerei, der Unkeuschheit sowie von Neid, Hass und Geiz – wieder vermehrt Beachtung geschenkt. Damit rückte der Dekalog erneut ins Zentrum von Predigten und Glaubenspraxis, vor allem das vierte Gebot, das die Ehre von Vater und Mutter hochhält und den Gehorsam gegenüber ihnen einfordert. Wobei das Ehr- und Gehorsamsgebot nun vom Familienoberhaupt im engeren Sinne auf

Pfarrer und weltliche Autoritäten ausgeweitet wurde.[48] Melanchthons Thüringer Thesen aus dem Jahr 1527, die in den *Unterricht der Visitatoren* eingingen, rückten Buße und Sünde in den Vordergrund. Getreu dem Grundsatz, dass Gottesglaube besser „in einem zerknirschten Herzen" gedeihe als dort, wo Gott vor lauter frohen Botschaften aus dem Blickfeld gerät.[49]

Reformatoren, die Melanchthons Akzentuierung von Furcht und Strafe kritisierten und stattdessen, stärker am Humanismus orientiert, christliche Freiheit und *amor justitiae* einforderten, kamen zunehmend unter Rechtfertigungsdruck. Bereits in den einleitenden Abschnitten des *Unterrichts der Visitatoren* findet sich der Gedanke, dem „gemeinen groben man" sei mit einem drohenden und gebieterischen Gott am besten gedient.[50] Der Versuch, Gesetze und Evangelium in eine neue Balance zu bringen, ging immer öfter zulasten der evangelischen Befreiungsbotschaften. Der auf Luthers Empfehlung als Wittenberger Stadtpfarrer eingesetzte Johannes Bugenhagen beschrieb das Problem mit Bezug auf Melanchthons Vision der Glaubensvermittlung: Während die ausschließliche Gesetzespredigt die Leute verzweifeln lasse, führe die einseitige Verkündigung des Evangeliums zum Verlust der Gottesfurcht.[51]

Mit dieser Wiederbelebung von Sünde und Strafe einher ging eine stärkere Betonung von Taten. Auch dies ein

Aspekt, den die Reformatoren zu Beginn stark relativiert hatten, weil er den Blick und das Herz der Gläubigen angeblich von Gott und der Heiligen Schrift abzulenken drohte. Doch nun hieß es wieder öfter: „Viel besser were, man triebe die leut gute werck zu thun."[52] Und gleichzeitig wurden Widersprüche in der Religionspraxis, die in der frühen Reformation keinen Platz hatten, im Zuge die-
 ser Neuausrichtung eher geduldet. Zum Beispiel bei den Heiligenfesten, die, wo sie sich gehalten hatten, zumindest nicht bekämpft wurden. Die radikale Heiligenkritik wurde im Zuge dieser Wende genauso untersagt wie die Heiligenanrufung oder die Verwendung von Latein. Zum Beispiel im Gesang und in der Predigt: Beides erfolgte zwar grundsätzlich auf Deutsch, bei den Hochfesten wurden jedoch auch lateinische Gesänge zelebriert. Die einst dogmatischen Prinzipien wurden, um der Erhaltung der guten Ordnung willen, pragmatisch aufgeweicht.[53]

Ähnliche Entwicklungen lassen sich in England beobachten. So offenbaren die von Thomas Cranmer (1489–1556) autorisierten *Injunctions* dieselbe Tendenz der theologischen Homogenisierung. Dieses Ziel sollte zum einen durch eine präzisere Instruktion bei der Deutung der Heiligen Schrift erreicht werden. So rief Artikel IV einer Anordnung aus dem Jahr 1538 die geistlichen Inspektoren dazu auf, die Gläubigen zur Bibellektüre anzuspornen, sie aber gleichzeitig davor zu bewahren, sich

auf unbekanntes Terrain zu begeben. Kühne oder gar anmaßende Bibelauslegungen durch Laien sollten tunlichst vermieden werden: "That ye, nor none of you, shall discourage any layman from the reading of the bible in Latin or English, but encourage them to it, admonishing them that they so read it, for reformation of their own life and knowledge of their duty; and that they be not bold or presumptuous in judging of matters afore they have per-
fect knowledge."[54] Auch sollten nur autorisierte Prediger einen Gottesdienst halten dürfen: "That ye, nor none of you, suffer no friar or religious man to have any cure or service within your churches or cures, except they be lawfully dispensed withal, or licensed by the ordinary."[55]

Eine Visitation in Cranmers Kirchendistrikt Canterbury sollte sicherstellen, dass die Zeremonien bei wichtigen Gottesdiensten nach den Regeln des dafür vorgesehenen Gebetbuchs, des *Common Prayer,* erfolgten: "Whether any of this church do keep or observe, diligently or inviolably, without colour or fraud, the book called the Common Prayer, according to the rules of the same, and the statute of parliament authorizing the same book, and whether you use any other ceremonies at the communion or other divine service that is mentioned or allowed in the same book."[56] Auch wurden die Visitatoren mit einem Fragenkatalog ausgestattet, dem sie bei ihren Inspektionen zu folgen hatten. Eine der Fragen bezog sich

auf die Gehorsamspflicht gegenüber dem König: Ob die Prediger den Kirchgängern wie vorgeschrieben mindestens viermal im Jahr in Erinnerung rufen, dass der König neben Gott die höchste Autorität im Land sei: "Whether they have preached and declared likewise four times in the year, at the least, that the king's majesty's power, authority, and pre-eminence, within his realms and do-
50 minions, is the highest power under God."[57] Eine andere betraf die Autorisierung der Priester: ob es Priester gebe, die ohne Lizenzierung predigen würden.[58] 1540 brachte Thomas Cranmer die verfolgte Strategie brillant auf den Punkt. Der Glaube der Menschen müsse sich an einer Vernunft orientieren, deren letzte Instanz die autorisierte Auslegung sei. Das klang dann so: "I forbid not to read, but I forbid to reason. Neither forbid I to reason so far as is good and godly. But I allow not that is done out of season, and out of measure and good order."[59]

Auf katholischer Seite verlief die Entwicklung, bei allen verbleibenden Differenzen, auffallend ähnlich. Versuche einer verstärkten Harmonisierung des Glaubens gab es auch dort bereits im 15. Jahrhundert. Sie gehörten zu den Reformationsbestrebungen innerhalb des Katholizismus, die mit Namen wie Girolamo Savonarola (1452–1498), St. Catherine of Genoa (1447–1510), Cardinal Francisco Ximenez de Cisneros (1436–1517), John Colet (1466–1519), Egido da Viterbo (1469–1532) oder

Desiderius Erasmus (1469–1536) verbunden sind. 1417 beschrieb Jean Gerson den Zusammenhang zwischen christlicher Botschaft und einer auf Autorität gestützten Ordnung: „Das Gesetz Christi bestimmt nicht nur der Menschen Handeln gegenüber Gott, sondern auch gegen seine Nachbarn, seine Herrscher und Prälaten … Alle Dinge bedürfen der Regulierung und Erweisung gemäß den Anweisungen und Befehlen von Vorgesetzten, damit die Hierarchie nicht durcheinandergerät."[60]

Mehr als hundert Jahre später wandte sich der Theologe und Luther-Gegner Johannes Eck (1486–1543) in einer Druckschrift an die rebellische Fraktion unter den Evangelischen. Er forderte sie auf, die Klage über angeblich „strenge Herrscher" zu beenden und sich „daran zu erinnern, dass es Gott manchmal beliebt, diese zu den Sündern zu entsenden". Auch die Beschwerden etwa über Steuern oder über die Pflicht, den Herrschaften zu dienen, wies Eck zurück, wobei er strenge Herrscher erneut als Zeichen vorliegender Sünde bezeichnete: „Vielleicht sind die gemeinen Leute nie böser, kühner und anma ßender gewesen als gerade heute. Vielleicht haben sie Gott nie mehr erzürnt, damit er ihnen solche Herren und Herrscher schickt."[61]

Nach dem Konzil von Trient verstärkten sich die gegenreformatorischen Tendenzen, wobei Jesuiten nun besonders aktiv in Erscheinung traten. Während sich die

Visitatoren vor dem Konzil vor allem über den Zustand der Gemeindekirchen erkundigt hatten, traten Fragen der Moral und Spiritualität danach stärker in den Vordergrund. Im Zuge von Glaubensspaltung und Konfessionalisierung fragten sie immer öfter nach der Teilnahme an der Messe, an hohen Gottesdiensten und Wallfahrten.[62] Dabei fiel es dem Katholizismus gesamthaft leichter, die durch die protestantische Reformation verursachte (und in der Folge auch in katholischen Milieus vermehrt spürbare) Kontingenz in der Bibelauslegung zu beschränken. Dies vor allem deshalb, weil die Bibel auf dem Weg zur Erlösung von Katholiken stets nur als eine von mehreren möglichen Quellen gedient hatte: ungeschriebene Traditionen und kirchliche Regulative waren hier den biblischen Offenbarungen seit jeher gleichgestellt; heilige Objekte, von den Reformatoren als Ausgeburt der Idolatrie verhöhnt, waren beliebt. Außerdem blieben die eigenen „Werke“ im Katholizismus zentral: Die Erlösung der Gläubigen hing nicht nur vom Glauben ab, sondern schloss richtiges moralisches Verhalten zwingend mit ein. Gottes Allmacht wurde nicht dahingehend ausgelegt, dass sie Versuche der Annäherung und Beeinflussung durch Gläubige verbot.[63]

Darüber hinaus erfüllten Visitationen und Konzilien aber noch einen anderen Zweck: Sie dienten als Foren für die Ausarbeitung maßgeblicher Katechismen, die ab dem 16. Jahrhundert, zumeist in Regionalsprachen verfasst, rasch Verbreitung fanden. Nicht dass die katechetische Literatur als Erfindung der Reformationszeit zu sehen wäre. Viele Katechismen sind bereits für die Frühzeit des Christentums überliefert, wo sie den Teufel in Gestalt von Unglauben und falscher Religion vertreiben sollten.[64] Die Etymologie des Begriffs deutet an, dass es bei der katechetischen Praxis um Erzeugung eines Echos im doppelten Sinne geht: erstens im Gläubigen selbst als Folge seines Studiums wichtiger religiöser Grundsätze; und zweitens durch den Dialog zwischen dem Lehrer und seinen Schülern. Die dialogische Form sowohl der rabbinischen Schulen wie der sokratischen Methode dürfte die christliche Katechese gleichermaßen beeinflusst haben. Das kommt auch im Frage-Antwort-Schema zum Ausdruck, das den meisten christlichen Katechismen zugrunde liegt. Damit befinden sich die Katechesen nach Ehlich an der „Schnittstelle zwischen der Mündlichkeit und der Schriftlichkeit in der Tradierung religiösen Basiswissens“[65].

Im Mittelalter scheinen die Katechismen kurzfristig an Bedeutung verloren zu haben, was sich allerdings bereits im 15. Jahrhundert änderte. Nun wirkte die Absicht, die christliche Heilsbotschaft in die Sprache der einfachen Leute zu übertragen, als Treiber bei der Verbreitung wichtiger katechetischer Schriften. So etwa durch Jean-Chatellier Gerson (1363–1429) an der Universität von Paris, dessen Werke Jan Hus (1369–1415) und Gabriel Biel (†1495) beeinflussten.[66] Über das Motiv seiner katechetischen Initiative schrieb Gerson 1400: „Genauso wie die Fakultät der Medizin früher Pamphlete schrieb, um dem Volk während der Pest zu helfen, so wäre nun ein kurzes Werk von Nutzen, das dem gemeinen Volk die wichtigsten Elemente seiner Religion, vor allem aber die 10 Gebote, in ihrer Beachtung erläutert.“[67]

Dass Luther zu Beginn des 16. Jahrhunderts mit derselben Botschaft eine neue Wirkung entfalten konnte, ist gut dokumentiert. Etwa durch seine Forderung, man müsse „die mutter jhm hause, die kinder auff der gasse, den gemeinen man auff dem marckt drumb fragen, und den selbigen auf das maul schauen, wie sie reden, und darnach dolmetzschen, so verstehen sie es den und mercken, das man Deutsch mit In redet"[68]. Ehrenpreis schätzt, dass im Heiligen Römischen Reich im 16. Jahrhundert zwischen dreißig und vierzig Katechismen erschienen, in England seien es pro Jahrzehnt im Durchschnitt zehn gewesen. Im mehrheitlich katholischen Frankreich zirkulierten zwischen der Reformation und der Französischen Revolution etwa 180 katechetische Texte. In der Schweiz gab es seit 1527 in St. Gallen einen Katechismus, seit 1531 in Basel und ab 1534 zirkulierte der Katechismus von Leo Jud in Zürich. In den 1540er-Jahren erreichte Calvins Genfer Katechismus eine internationale Leserschaft. Ein anderer bekannter Katechismus ist derjenige von Heinrich Bullinger aus dem Jahre 1559.[69]

Wer die Bedeutung der neuen Büchlein für die Glaubensvermittlung erfassen will, sollte allerdings bedenken: Die bekanntesten Katechismen motivierten Prediger auf allen Stufen, selbst kleinere, auf die Bedürfnisse der eigenen Kongregation abgestimmte katechetische Schriften zu verfassen. Viele der großen Katechismen waren zu lang oder zu voraussetzungsreich, um das religiöse Wissen von Kindern, Analphabeten oder Menschen mit Lern- oder Gedächtnisproblemen nachhaltig zu verbessern. Viele der umfangreichen Katechismen richteten sich in erster Linie an Geistliche sowie eine Minderheit von gebildeten Laien. Das war schon deshalb ein Problem, weil die

Predigt, dieser Kern der priesterlichen Glaubensvermittlung, ohne einen Grundstock an Wissen unergiebig bleiben musste.

Noch 1618 beschrieb der englische Kleriker und Gelehrte William Crashaw die katechetischen Bemühungen als Voraussetzung einer erfolgreichen Predigt: “I find, that catechising is the life of preaching, and such a means of knowledge as without it all preaching is to little purpose.”[70] Dieser Umstand scheint selbst Prediger, die Katechismen anfänglich regelrecht verabscheuten (weil sie deren Instruktion als unter ihrer Würde empfanden), dazu veranlasst haben, mehr Zeit in den katechetischen Unterricht zu investieren. Wenn das religiöse Wissen der Katecheten bestimmte, ob es einem Geistlichen gelang, eine Gemeinde in seinen Bann zu ziehen, steigerte dies den Anreiz zur Verwendung katechetischer Schriften. Dasselbe Motiv mag erklären, weshalb Familienväter immer öfter aufgefordert wurden, ihre Kinder zum regelmäßigen Katechismusunterricht anzuhalten und ihr Wissen anschließend zu testen. Auch wurden die Menschen dazu ermuntert, katechetische Lerngruppen zu bilden.[71]

Nun mag der Schluss naheliegen, beim katechetischen Lernen stehe die passive Übernahme von Glaubensgrundsätzen im Vordergrund. Auch wenn dies aus heutiger Sicht zutreffen mag, so gilt es doch zu bedenken: Ein noch weitgehend religiöses Zeitalter unterhält einen anderen Wissensbegriff als eines, das ein säkulares Selbstverständnis pflegt. Im Kontext der Reformation erfüllten die Katechismen ein Bedürfnis nach neuen „Möglichkeiten der Partizipation am Gesamtwissen", wozu die Religion damals fraglos gehörte. Wichtiger Treiber dieses Bedürfnisses waren insbesondere Städte, wo Handel und Verkehr den Ruf nach aktiver Teilhabe förderte. Bürger, die sich in der weltlichen Ordnung einen Status erworben hatten, stellten die „hierarchische Organisation des Wissens" im Sinne einer traditionellen kirchlichen Ordnung zunehmend infrage. Zumindest von diesem urbanen Publikum wurden die Katechismen – trotz dem disziplinierenden Grundton, dem viele dieser Schriften verpflichtet waren – durchaus als Mittel der Partizipation und der Wissensvermehrung verstanden. Man erfuhr sie als grundsätzlich vereinbar mit den proto-demokratischen Grundsätzen von *sola scriptura* und der allgemeinen Priesterschaft der Getauften. Mit anderen Worten: Der vermehrte Ruf nach individueller Selbstbestimmung ließ sich ohne eine Mitbestimmung auf dem Feld des religiösen Heils kaum realisieren.[72]

Dies gilt es auch bei Luthers Katechismen zu bedenken, die sich (nicht nur im deutschsprachigen Raum) als konfessionelle Machtinstrumente ersten Ranges entpuppten. Der Wittenberger Reformator gebrauchte in seiner *Deutschen Messe* das Wort „Katechismus" anfangs noch im traditionellen Sinne als ein Instrument der Belehrung von Heiden: „Catechismus aber heyst eyne unterricht, damit man die heyden, so Christen werden wollen, leret und weyset, was sie glauben, thun, lassen und wissen sollen ym Christenthum.“[73] Doch auch Luther empfand die Grenzen zwischen Heiden und Christen als zunehmend porös. Als zeitweiliger Visitator empörte er sich lauthals über das Unwissen der Massen in Glaubensfragen. Bereits im Januar 1529 wurde sein Kleiner Katechismus in Form von Plakaten erstmals veröffentlicht, die „in der Schule oder in der Kirche“ angebracht wurden.[74] Sein Großer Katechismus erschien im April unter dem Titel *Deutscher Catechismus.* Im Mai erschien der Kleine Katechismus in Buchform als „Der Kleine Catechismus für die gemeine Pfarrherr und Prediger“[75]. Leppin unterstreicht die Bedeutung von Luthers *Kleinem Katechismus* in knappen Worten: „Mit dem *Kleinen Katechismus,* einer elementaren Kurzfassung des christlichen Glaubens, lernten Kinder in lutherischen Gebieten in der Frühen Neuzeit glauben ebenso wie schreiben.“[76] Eingeteilt ist er in fünf sogenannte Hauptstücke: die zehn Gebote (I), der christliche Glaube (II), das Vaterunser (III), das Sakrament der heiligen Taufe (IV), das Sakrament des Altars (V). Das Muster der Vermittlung ist stets dasselbe wie beim folgenden Beispiel des vierten Gebots:

Das vierte Gebot
Du sollst Deinen Vater und Deine Mutter ehren, auf dass dirs wohlgehe und Du lange lebest auf Erden.

Was ist das?
Wir sollen Gott fürchten und lieben, dass wir unsere Eltern und Herren nicht verachten noch erzürnen, sondern sie in Ehre halten, ihnen dienen, gehorchen, sie lieb und wert haben.

Dasselbe Muster kommt auch beim Vaterunser im dritten Hauptstück zur Anwendung:

Das Vaterunser
Wie es ein Hausvater den Seinen aufs einfältigste vorhalten soll.

Die Anrede
Vater unser, der du bist im Himmel.

Was ist das?
Gott will uns damit locken, daß wir glauben sollen, er sei unser rechter Vater und wir seine rechten Kinder, auf daß wir getrost und mit aller Zuversicht ihn bitten sollen wie die lieben Kinder ihren lieben Vater.

Im Vorwort seines *Kleinen Katechismus* berichtet Luther von den Zuständen, die er bei seinen Besuchen auf dem Land antraf: „Diesen Katechismon oder christliche Lehre in solche kleine, schlechte, einfältige Form zu stellen, hat mich gezwungen und gedrungen die klägliche, elende Not, so ich neulich erfahren habe, da ich auch ein Visitator war. Hilf, lieber Gott wie manchen Jammer habe
 ich gesehen, dass der gemeine Mann doch so gar nichts weiß von der christlichen Lehre.“ Viele lebten „dahin wie das liebe Vieh und unvernünftige Säue.“ Manche wüssten nichts vom Evangelium. Und gleichzeitig hätten sie gelernt, „alle Freiheiten meisterlich zu missbrauchen“. Hier äußert Luther jene Kritik, die wir bereits bei den Anweisungen an die Visitatoren in Kursachsen angetroffen hatten: dass sich die Leute bei der Aneignung des Evangeliums aufgrund ihres mangelnden Wissens zu viel zutrauten; dass sie sich bei ihrer Auseinandersetzung mit Gott zu sehr ins Zentrum stellten, anstatt das Glaubens- und Gnadengebot gebührend zu internalisieren; dass sie, derart von sich selbst eingenommen, das Bild von der Freiheit des Christenmenschen zu wörtlich nähmen.

Luther forderte die Prediger deshalb bereits in der Vorrede des *Kleinen Katechismus* auf, die Gebote, Glaubenssätze, das Vaterunser und die Sakramente immer in der gleichen Form vorzutragen und den Menschen dadurch die richtige Lesart zu vermitteln. Ohne eingeschliffene

Strukturen und Rhythmen kein rechter Glaube: „Denn das junge und alberne Volk muss man mit einerlei gewissem Text und Form lehren, sonst werden sie gar leicht irre, wenn man heute so und über ein Jahr anders lehret, als wollte man's bessern, und wird damit alle Mühe und Arbeit verloren." Luther verlangt von den Geistlichen jeglichen Standes, ihre Eitelkeit im Zaum zu halten, wenn sie zu den Laien sprechen. Die Betonung der Differenz zwischen Laien und Experten tritt nun deutlich zutage: „Wenn du aber bei den Gelehrten und Verständigen predigest, so magst du deine Kunst beweisen und diese Stücke so buntkraus machen und so meisterlich drehen wie du kannst. Aber bei dem jungen Volke bleibe auf einer gewissen, ewigen Form und Weise und lehre sie fuer das allerbeste die Stücke, nämlich die zehn Gebote, Glauben, Vaterunser usw. nach dem Text hin, von Wort zu Wort, dass sie es auch so nachsagen und auswendig lernen." Jene, die sich diesem Lernprogramm verweigern, solle man vom Sakrament ausschließen, ja ihnen die Taufe ihrer Kinder verweigern. Auch sollen ihnen „die Eltern und Hausherren Essen und Trinken versagen und ihnen anzeigen, dass solche rohen Leute der Fürst aus dem Lande jagen wolle usw.". Man könne zwar niemanden zwingen, doch der „Haufen" müsse trotzdem wissen, „was Recht und Unrecht ist bei denen, bei welchen sie wohnen, sich nähren und leben wollen".

Luther plädiert hier für eine Didaktik der kleinen Schritte. Ein Lehrstück soll auf das andere folgen, bis die wichtigsten Elemente sitzen. Erst dann solle man zum „Großen Katechismus" übergehen und den Leuten „reichern und weitern Verstand" geben. Vor allem das Verbot des Diebstahls und das Gehorsamsgebot seien den gemeinen Leuten und ihren Kindern einzuimpfen. Alle sollten wissen, dass Gott ihre Sünden bestrafe. Und zwar sollten Geistliche das Sakrament nicht im Sinne eines Gesetzes einfordern („wie der Papst"), sondern in Form einer Drohung. Wer vom Sakrament fernbleibe, offenbare damit, dass er kein Christ sei: „Wer das Sakrament nicht sucht noch begehret zum wenigsten einmal oder viermal des Jahres, das ist zu besorgen, dass er das Sakrament verachte und kein Christ sei, gleichwie der kein Christ ist, der das Evangelium nicht glaubet oder höret." Solange man „den Nutz und Schaden, Not und Frommen, Fahr und Heil" des Abendmahls betone, „werden sie wohl kommen, ohne dein Zwingen. Kommen sie aber nicht, so lass sie fahren und sage ihnen, dass sie des Teufels sind, die ihre große Not und Gottes gnädige Hilfe nicht achten noch fühlen." Die Botschaft ist klar: mit der Drohung, die Fehlbaren auszustoßen, soll nun ernst gemacht werden. Am Schluss der Vorrede beschreibt Luther den Sinn und Zweck des *Kleinen Katechismus* nochmals in seiner kraftvollen Sprache:

> „Darum siehe darauf, Pfarrer und Prediger, unser Amt ist nun ein ander Ding geworden, als es unter dem Papst war; es ist nun ernst und heilsam geworden; darum hat es nun viel mehr Mühe und Arbeit, Gefahr und Anfechtung, dazu wenig Lohn und Dank in der Welt. Christus aber will unser Lohn selbst sein, wo wir treulich Arbeiten. Das helf uns der Vater aller Gnaden! Dem sei Lob und Dank in Ewigkeit durch Christum, unsern Herrn! Amen."

Der *Große Katechismus* bot dann jene zusätzliche Dichte, die Seelsorgern wie Gläubigen eine vertiefte Aneignung des Evangeliums ermöglichen sollte. Er ist „an alle Christen, sonderlich aber an alle Pfarrherrn und Prediger" gerichtet. Und gleichzeitig enthält er deutlich mehr polemische Noten als sein primär an Kinder gerichteter kleiner katechetische Bruder. Luther beginnt in der Vorrede mit einer Klage über die Geistlichen, die ihr „Amt und die Lehre" der Heiligen Schrift vernachlässigen, wobei er diese Saumseligkeit jener doppelten Untugend zuschreibt, die er bereits in der Vorrede des *Kleinen Katechismus* thematisierte. Einerseits wertet er sie als eine Folge von Faulheit, andererseits entspringt sie nach ihm einer Haltung des Dünkels, ja der eitlen Arroganz. Was Luther sarkastisch die „große hohe Kunst" nennt, betrifft die Tendenz, über die Köpfe der Leute hinweg zu predigen. Als natürliches Pendant dieser Arroganz des Geistes sieht Luther eine Reihe von Untugenden des Fleisches, allen voran Völlerei und Wollust.

Vor allem aber prangert Luther die unter dem Klerus verbreitete Meinung an, wonach Katechismen überflüssig seien. Diese Haltung – dieses eitle Gebaren jener, die sich zu viel zutrauten und sich vor dem Aufwand scheuen, die Gläubigen durch Repetitionen und Auswendiglernen ins richtige Fahrwasser zu lotsen – sei auch innerhalb des Adels weit verbreitet. Hier kritisiert der ehemalige Augustiner ausdrücklich die Ansicht, wonach der Zugang des Einzelnen zu Gottes Wort keiner professionellen Vermittler bedürfe: „Ja man findet wohl etliche Ruelze und Filze auch unter dem Adel, die vorgeben, man bedürfe hinfort weder Pfarrherrn noch Prediger, man habe in Büchern und könne es von selber wohl lernen …“ An dieser Stelle bringt sich Luther ausdrücklich selbst ins Spiel. Obschon ein gelehrter Doktor, verhalte er sich „wie ein Kind, das man den Katechismus lehrt, und lese und spreche auch von Wort zu Wort des Morgens, und wenn ich Zeit habe, die zehn Gebote, Glauben, das Vaterunser, Psalmen usw.“. Sogar er selbst müsse „ein Kind und Schüler des Katechismus bleiben“.

Die Forderung der Demut an die Adresse des Klerus ist die logische Folge: „Derhalben bitte ich solche faulen Wänste oder vermessenen Heiligen, sie wollten sich um Gottes willen bereden lassen und glauben, dass sie wahrlich, wahrlich nicht so gelehrt und hohe Doctores sind, als sie sich lassen dünken, und nimmermehr gedenken, dass sie dieses Stück ausgelernt haben oder allerdings genug wissen." Nur wer sich den Katechismus bewahre, besitze die zur Vermittlung des Glaubens unabdingbare pädagogische Gründlichkeit. Es gehe darum, dass sie besonders „junge Leute die Stücke, so in den Katechismus oder Kinderpredigt gehören, wohl und fertig lernen lassen und mit Fleiß darin üben und treiben". Hier seien auch die Eltern in die Pflicht zu nehmen. Jeder Hausvater müsse seine Familienangehörigen „zum wenigsten die Woche einmal" abfragen und ihr Wissen testen. Wo sie nicht genügten, müsse er sie „mit Ernst" zum Lernen anhalten.

Auch hält Luther die Gläubigen dazu an, den Katechismus im Verbund zu lesen, im Geiste von Matthäus 18:20: „Wo zwei oder drei in meinem Namen versammelt sind, da bin ich in ihrer Mitte." Dabei wettert er gegen den Hochmut von Geistlichen, die es als unter ihrer Würde empfinden, den Katechismus zu lehren und damit den Gläubigen zu helfen, die darin enthaltenen Wahrheiten zu verinnerlichen: „Geschmeiß solcher Sicherheit und Dünkelmeister, sondern stetig anhalten, beides, mit Lesen, Lehren, Lernen, Denken und Dichten, und nicht also ablassen, bis so lange sie erfahren und gewiss werden, dass sie den Teufel tot gelehrt und gelehrter geworden sind, denn Gott selber ist und alle seine Heiligen."

Trotz der Prominenz der protestantischen Katechismen in der Forschung gilt es zu bedenken: Als Instrument der Glaubensvermittlung kam Katechismen ab dem 16. Jahrhundert auch in katholischen Regionen große Bedeutung zu. Reformbestrebungen an der auf Rom zentrierten Theologie und Kirchenordnung lassen sich seit dem Spätmittelalter beobachten, wobei diese seit dem 15. Jahrhundert vermehrt durch katechetische Initiativen begleitet wurden. Bereits 1417 stellte der Frankfurter Kaplan Johannes Wolff in seinem Katechismus die auf Disziplinierung der Untertanen abzielende Frage: „Wie oft hast Du es unterlassen, in Gegenwart Deines Meisters, Priesters oder Stadtrats Deine Kopfbedeckung abzunehmen? … Hast Du Dich den Befehlen der Gemeindebeamten widersetzt? Hast Du gegen sie Groll gehegt? Wolltest Du ihrer Geheimnisse kennen? Hieltest Du Dich fuer weiser als sie es sind?“[77] Während der vom Konzil von Trient verabschiedete Katechismus für Kleriker bestimmt war, richteten sich die katholischen Katechismen nach der Reformation vorab an Laien. Gesamthaft gab es wohl kaum ein Feld, auf dem sich die Gegenreformation deutlicher und wirksamer manifestierte als bei der Entwicklung von Katechismen.

Besonders wichtig wurden die Katechismen des niederländischen Jesuitenpaters Petrus Canisius (1521–1597). War seine *Summa doctrinae christianae* aus dem

Jahr 1555 noch ein moralisch-theologischer Leitfaden für Priester gewesen, so richtete sich sein ein Jahr später veröffentlichter *Catechismus minimus* ausschließlich an Kinder. 1558 kam noch sein *Parvus catechismus catholicorum* für Religionsschüler und Erwachsene dazu. Entscheidend auch hier: Die lateinischen Originalversionen dieser Werke wurden schon bald in viele regionale Idiome übersetzt. Sie erschienen in der Folgezeit in Österreich, Böhmen, Frankreich, Slowenien, Ungarn, Spanien, Schweden, Äthiopien, Indien, China und Japan. Gesamthaft sind bis ins 18. Jahrhundert 347 verschiedene Editionen nachgewiesen, wobei Canisius' Texte viele weitere Katechismen auf regionaler und lokaler Ebene inspirierten.[78] Auch sonst wandten sich die meisten katholischen Katechismen nach der Reformation vorab ans gemeine Volk in den Gemeinden. So kommt Carter zum Schluss, die katholische Reformation im Frankreich des 17. und 18. Jahrhunderts habe nicht zum Zweck gehabt, jeden Gläubigen in einen Theologen und jeden Theologen in einen Mönch zu verwandeln: "Reform for both the laity and the clergy meant a more faithful and respectful adherence to Catholic rituals and practices, and the acceptance of an ethical code infused with Catholic truths."[79] So hatten denn, auch dies eine Folge der durch die Reformation verursachten Krise, Protestanten und Katholiken einander selektiv zu kopieren begonnen.

Kapitel 6 Das Versprechen an die Laien

In seinem Magnum Opus verglich Diarmaid MacCulloch die erste Phase der Reformation wegen ihrer Unberechenbarkeit mit einem Karneval. Gläubige machten sich daran, die Bibel nach ihrem Gusto auszulegen. Mancherorts drohten die dadurch ausbrechenden Konflikte außer Kontrolle zu geraten. Die Reformatoren und die mit ihnen verbündeten weltlichen Herrscher reagierten auf diese Bedrohung des bestehenden Herrschaftsgefüges, indem sie die Vermittlung des christlichen Glaubens einem Milieu von Wissenden und Weisen überantworteten. Was in der spätmittelalterlichen Kirche die (in der Praxis unrealisierbare) Norm dargestellt hatte – ein klerikales Milieu von Wissenden, das einen autorisierten Kanon vermittelte – wurde nun auch im Protestantismus vermehrt praktiziert. Dabei blieben zumindest die protestantischen Gläubigen ihrer Fixierung auf das geschriebene Wort der Bibel verpflichtet. Wobei diese Neigung nun das Christentum insgesamt, bei allen konfessionellen und interpretatorischen Differenzen, zu prägen begann. Zum wichtigsten Instrument des Lernens unter Supervisoren wurden neben der Bibel die von beiden Konfessionen ab Mitte des 16. Jahrhunderts in großer Zahl in den Regionalsprachen veröffentlichten Katechismen.

Doch was hier in einem revolutionären Jahrzehnt des 16. Jahrhunderts auf den Weg gebracht wurde, war nicht mehr eine Epistokratie im traditionellen Sinne. Dazu hatte die anti-autoritär wirkende Stoßrichtung der frühen Reformation selbst bei der Mehrheit der Gläubigen, die den Radikalismus ebenso zurückwies wie die Kirchenhierarchie, zu viele Erwartungen geweckt. Eine Rückkehr zum vorherigen Zustand stellte deshalb ab 1525 kein realistisches Szenario mehr dar. Und vor allem war die postreformatorische im Gegensatz zur klassischen Epistokratie in ihrer Grundtendenz offen. Neu an ihr war, wir haben bereits darauf hingewiesen, ihr Versprechen auf sozialen Aufstieg. Der selten artikulierte, aber weitherum verstandene Grundsatz lautete: Wer sich die katechetischen Glaubenssätze verinnerlicht, wird zum Weisen; und wer sie gar noch verkündet, tritt der Statusgemeinschaft von Wissenden und Weisen bei.

Auch wenn man diesem Vorgang mit den Klischees von der Religion als Opium für das Volk oder der Gläubigen als Objekte klerikaler Disziplinierungskampagnen in

keiner Weise gerecht wird: Hier veränderte sich mit der Dynamik der Wissensvermittlung auch die Legitimationsgrundlage gesellschaftlicher Ordnung. So förderte die katechetische Revolution die Hoffnung, durch richtiges Verhalten selbst zum Priester der Wahrheit aufzusteigen, auch weil sie Widerspruch zum angestrebten Deutungskanon grundsätzlich negativ bewertete. Denn nicht der Einübung eines kritischen Blicks galt das Bemühen die-
ser nach unten offenen Epistokratie, sondern einem auf Teilhabe gebauten Konsens im Dienst der Offenbarung. Hier kam es zur folgenreichen Fusion eines demokratischen Urtriebs mit einem moralischen Konformismus.

Somit hatte die Reformation eine Antwort auf jene existenzielle und gesellschaftliche Unberechenbarkeit gefunden, die sie selbst provoziert hatte. Mit dieser Antwort, die egalitäre und hierarchische Elemente miteinander verschmolz, sollte die durch die Reformation bewirkte gesellschaftliche Kontingenz reduziert werden. Denn mit ihrer radikalen Priorisierung der Heiligen Schrift hatten die Reformatoren die Möglichkeit, Gegenwart und Zukunft mithilfe vertrauter Rituale und Wissensbestände zu bewältigen, dramatisch geschwächt. Jene Techniken, mit denen sich Gläubige die großen Unwägbarkeiten des Lebens, vor allem Krankheit, Krieg und Tod, bislang vom Leibe gehalten hatten – etwa die Sakralisierung von Substanzen in der Messe (Transsubstantiation), die

Berührung von heiligen Objekten, die Teilnahme an Prozessionen und Wallfahrten –, waren von der Reformation diskreditiert worden. In manchen Fällen machte diese Skepsis bekanntlich auch vor dem Kirchengesang nicht halt. Zudem ließ sich der Gott der Protestanten nicht mehr für die Sorgen und Nöte Sterblicher einspannen, weil er als Empfänger diesseitiger Nachrichten ausgeschieden war. Seine Gnade ließ sich nicht mehr durch sakrale Praktiken gewinnen, sondern war lediglich als Geschenk (*sola gratia*) eines gläubigen Lebens (*sola fide*) zu erhoffen.

Genau hier setzten die katechetischen Offensiven des 16. und 17. Jahrhunderts an. Indem sie beispielsweise die vor Kurzem noch diskreditierten „Werke“ rehabilitierten oder ausgewählte Stellen des Alten Testaments zurück ins Bewusstsein hoben, lieferten sie den Gläubigen ein Instrument, um die Endlichkeit ihres Lebens mit Sinn zu erfüllen. Als Prediger und Verbreiter der neuen katechetischen Botschaften wirkten nun aber weder ein Papst noch ein Klerus. Diese Rolle als Vermittler autorisierter Deutungen erfüllten nun die mittleren und niederen Geistlichen und, mit zunehmender Dauer, die Gläubigen selbst. Sie besaßen nun einen Ansporn, sich aktiv an der Verbreitung letzter Wahrheiten zu beteiligen.

Damit war jener kulturelle Boden bereitet, der sich bei der Produktion und Verbreitung innerweltlicher Erlösungsangebote ab Mitte des 18. Jahrhunderts als äußerst fruchtbar erweisen sollte. Mit der Entstehung der Geschichtsphilosophien trat – in einer zunehmend entzauberten Welt – jenes von Odo Marquard mit besonderem Scharfsinn beschriebene Programm der Sinngebung auf den Plan. Nun war es den geschichtsphilosophischen Narrativen vorbehalten, die Unwägbarkeiten des Lebens in einen größeren Sinnzusammenhang zu stellen. Nicht mehr äußere Sakralisierung oder verinnerlichtes Gnadengebot versprachen nun Erlösung, sondern die Einbettung der Welt in ein umfassendes Schema der Verzeitlichung. Genauer: in den Fortschrittsglauben eines gerichteten historischen Wandels. Der Mensch war nun zum Autor seiner eigenen Entwicklungsgeschichte aufgestiegen; einer Geschichte allerdings, die sich nur durch Kultivierung eines gemeinsamen Orientierungsglaubens – also nur durch ein großes kollektives Projekt– verwirklichen ließ. Dass sie dies auch tat, dafür sorgten die Nachkommen der in diesem Beitrag beschriebenen katechetischen Offensive.[80]

Als Brücke vom religiösen Katechismus zur säkularen Geschichtsphilosophie wirkte seit der Aufklärung zum einen eine neue ethische Avantgarde. Sie wurde zum Verkünder der neuen Fortschrittsteleologie, wobei Gelehrte, Politiker, Wissenschaftler, Pädagogen und Publizisten aller Art hier den Löwenanteil leisteten. Eine zweite Brücke hinüber ins moderne Zeitalter bildete dasselbe meritokratische Versprechen, das zu den (mehrheitlich) nicht intendierten Folgen der Reformation zu zählen ist. Soziale Anerkennung resultiert auch hier aus der Akzeptanz einer Anzahl von epistemischen und moralischen Grundsätzen, die mit der letzten Wahrheit gleichgesetzt wurden und die es gegen Feinde zu verteidigen galt. An die Stelle des Gottesbeweises im Stile von Leibniz' Theodizee trat nun, mit Odo Marquard gesprochen, immer mehr der Feindesbeweis.[81]

Damit entfesselten die protestantischen Reformatoren – unter gütiger Beihilfe ihrer entschiedenen Advokaten wie ihrer erklärten Gegner – vor rund sechshundert Jahren eine intellektuelle Bewegung, die unsere Vorstellungen darüber, was Wahrheit, Wissen und legitime Herrschaft ausmache, bis heute prägt. Was als radikale Provokation der bestehenden Ordnung, was als Sprengung geistiger Gewissheiten begonnen hatte, verwandelte sich in wenigen Jahren in ein Projekt der Stabilisierung. Was davon bis heute spürbar und wirksam geblieben ist, sind beide Impulse: Entfesselung und Konservierung, soziale Befreiung und moralische Eingliederung – einschließlich der dazugehörigen, damals durchgespielten Hoffnungen, Erwartungen und Strategien. Intellektuell und kulturell gesehen gleicht die Reformation deshalb einer Injektion zweier Substanzen in jene gesellschaftliche Blutbahn, die uns bis heute mit ihr verbindet. Nicht im Sinne einer strikten Kausalität, sondern im Sinne von Denkmustern und Dispositionen, denen wir nur schwer zu entrinnen vermögen.

Kapitel 7 Von der Reformation zur modernen Epistokratie

Wie hat man sich diese Verbindungslinien konkret vorzustellen? Ich möchte versuchen, diese Frage abschließend in Form eines Ausblicks zu beantworten. Er führt uns von der Reformation in jenes Zeitalter, das Historiker als moderne Geschichte bezeichnen, womit sie, grob gesagt, die Periode ab den atlantischen Revolutionen des späten 18. Jahrhunderts meinen. Damit wird der analytische Faden abschließend bis in unsere gemeinsame Gegenwart weitergesponnen. Dass es sich dabei um nichts mehr als einen Denkanstoß handelt, versteht sich von selbst. Zu seiner Illustration verwende ich zwei vor allem auf Europa bezogene Fallbeispiele. Das erste Beispiel betrifft die Meinungs- und Pressefreiheit im Verfassungsstaat; das zweite die Praxis der modernen Demokratie.

Mit der Durchsetzung liberaler Verfassungen wurde die Meinungs- und Pressefreiheit ab der Wende zum

19. Jahrhundert schrittweise durchgesetzt. Auch wenn dieser Prozess selbst in Europa keineswegs geradlinig verlief – man denke nur an die Restaurationsbewegung nach 1848–1849 oder an die totalitären Bewegungen des 20. Jahrhunderts –, so erwies er sich, zumal im Westen, doch als relativ beständig. Dafür zeugt, dass es in Europa gegenwärtig nur noch wenige Länder gibt, in denen die Meinungs- und Pressefreiheit auch formalrechtlich eingeschränkt ist. Es existieren heute sogar Ranglisten, in denen der Freiheitsgrad einer Gesellschaft aufgrund bestimmter Kriterien definiert wird. Länder, die in diesen Rankings schlecht abschneiden, müssen mit Maßregelung oder Sanktionen durch die Staatengemeinschaft und die Medien rechnen, worunter nebst ihrem Ansehen auch ihre Wirtschaft leidet. Auch die Europäische Union fordert von ihren Mitgliedern wie von Beitrittskandidaten die Einhaltung rechtsstaatlicher Kriterien, zu denen die Meinungs- und Pressefreiheit an vorderster Stelle gehört. Solche Maßnahmen haben Versuche, die Meinungsfreiheit einzuschränken, zwar nicht vollständig zum Verschwinden gebracht. Doch der internationale Druck auf Fehlbare ist dadurch zweifellos gestiegen.[82]

Es wäre jedoch fragwürdig, den Zustand der Meinungsfreiheit aus einer rein formalrechtlichen Warte zu beurteilen. Was dabei aus dem Blick gerät, ist die Tatsache, dass auch die moderne Geschichte Versuche kennt,

diese Freiheit auf andere Weise zu beschränken. Dabei spielten und spielen *moralische Master-Narrative* eine zentrale Rolle. Durch den Einsatz solcher Narrative wird die Meinungsfreiheit zwar rechtlich nicht tangiert: es kommt hier nicht zu einer durch Gesetze oder Verfassungsartikel gestützten Zensur. Dennoch tragen diese Erzählungen dazu bei, durch den Aufbau von moralischem Druck ein Klima der Zensur zu schaffen. Sind sie erfolgreich, erhö-
hen sich die sozialen Kosten für jene, die alternative Meinungen und Befunde öffentlich zur Diskussion stellen. Letztere werden nun nicht mehr als diskussionswürdige Perspektiven wahrgenommen, sondern als abweichende und deshalb ungehörige Formen der Weltbetrachtung. Auf diese Weise wird die Meinungsvielfalt auf eine moralisch akzeptable Bandbreite eingependelt. Wenn Bürger sich selbst oder andere im persönlichen Gespräch oder in politischen Debatten zu zensieren beginnen, dann haben wir es mit einer markanten Einschränkung der Meinungsfreiheit zu tun; dass diese Einschränkung informell und nicht rechtlich motiviert ist, ändert daran wenig.[83]

Die moralische Meistererzählung, die im Europa vor 1945 dominierte, war der Nationalismus beziehungsweise der Primat des Nationalstaats. Während der bürgerliche, zivilgesellschaftlich inspirierte Patriotismus die Loyalität zur Nation als ehrbares Ideal vertrat (und vertritt), forderte (und fordert) der ethnisch oder zivilisatorisch begründete Nationalismus die Verabsolutierung der einen, angeblich unteilbaren Nation nach dem Grundsatz des "My country, right or wrong". Diese nationalistische Orientierung, die im Zeitraum von 1850 bis 1940 besonders Europas große Staaten bestimmte, darf als sehr gut erforscht gelten. Als sich um die Mitte des 19. Jahrhunderts die europäischen Nationalstaaten ausbildeten – und zwar nicht mehr bloß (wie mancherorts seit dem Mittelalter) im Sinne einer kulturellen Kategorie, sondern als ein durch Eisenbahn und Landstraßen, Zivilgesetzbuch und offizielle Feiertage, nationaler Währung und Sozialstaat strukturierter Machtfaktor –, wurde es immer schwieriger, andere Formen kollektiver Loyalität als die nationale öffentlich zu leben, geschweige denn sie als gleichberechtigt einzufordern.[84]

Wer gegen dieses Gebot verstieß, brauchte Mut und musste mit Diffamierungen und Sanktionen rechnen. Das bekamen beispielsweise jene Bretonen, die sich dem Zivilisationsanspruch der französischen Bildungsbeamten der Dritten Republik im Namen ihrer eigenen Sprache und Religion widersetzten, bis zum Ausbruch des Ersten Weltkriegs und darüber hinaus zu spüren. Dasselbe gilt für süddeutsche Konservative oder Demokraten, die den Machtanspruch des preußisch dominierten 2. Deutschen Kaiserreichs unter Bezugnahme auf ihre lokale, regionale oder staatliche Identität zurückwiesen. Auch der konfessionelle europäische Kulturkampf des 19. Jahrhunderts wurde stark vom nationalistischen Master-Narrativ befeuert. Katholiken, die sich nach Rom hin orientierten, galten weitherum als Verräter; wer sich der liberal-protestantischen deutschen Leitkultur verweigerte, wurde vom kulturprotestantischen Mainstream als Gegner des Fortschritts (wofür im 19. Jahrhundert in den Augen der Mehrheit der Nationalstaat stand) verunglimpft. Die von angesehenen deutschen Kulturprotestanten postulierte und seither wirkmächtige Verbindung von Protestantismus und wirtschaftlichem Fortschritt ist ein Kind dieser Zeit. In all diesen Fällen schnellte das Pegel des moralischen Drucks, dem sich die vermeintlichen Vaterlandsverräter ausgesetzt sahen, in Kriegszeiten deutlich nach oben.[85]

Nach 1945 schwächte sich die Nation als moralischer Bezugsrahmen bekanntlich ab. An seine Stelle trat ein neues Master-Narrativ. Als neue moralische Bezugsgröße – wie als neues kollektives Selbst – diente nun vermehrt die Menschheit in ihrer Gesamtheit. Der einst auf den Nationalstaat fixierte Reformglaube fand in der Nachkriegszeit in der Weltgesellschaft sein neues moralisches Telos. Konstant geblieben ist dabei der erzieherische Anspruch. Auch der universalistisch gestimmten Avantgarde der Nachkriegszeit ging es – wie ihren geistigen Ahnen, den Nationalisten des 19. Jahrhunderts – um die

Aufklärung derjenigen, die sich aufgrund ihrer Haltung nicht auf der Höhe der Zeit bewegen. Waren es früher gewisse Regionen oder konfessionelle Gemeinschaften, die es im Interesse des nationalen Fortschritts zu zivilisieren galt, so wurden es nun die vermeintlich rückständigen Nationalstaaten und ihre Verteidiger, die sich dem universalistischen Zeitgeist verwehrten. Nun war es an ihnen, den Fortschrittszug mit Destination „Ende der Geschichte" zu besteigen. Wer sich diesem Projekt mit Worten oder Taten widersetzte, musste im günstigsten Fall damit rechnen, als Populist zu gelten.[86]

Bei der Entstehung dieser Orientierung spielten die im Zweiten Weltkrieg begangenen Verbrechen, die massenhaften Vertreibungen sowie die Zerstörung ganzer Regionen zweifellos eine entscheidende Rolle. Den europäischen Eliten und ihren Regierungen bot sich in dieser Situation die Chance, Politik als moralische Instanz neu zu erfinden. Der Nationalstaat galt nun beim integrationsfreundlichen Teil des europäischen Publikums als moralisch defizitär. Gleichzeitig stand auch den Kindern der Kriegsgeneration sowie ihren Enkeln die Teilnahme an einem groß angelegten Erziehungsprogramm offen. Durch ein entsprechendes Engagement auf der richtigen Seite – *on the right side of history,* wie es im Englischen heißt – konnten sie in die Gemeinschaft der Wissenden aufsteigen, die sich gerade im Aufbau befand. Der in

England lebende Zeit-Journalist Reiner Luyken hat die Gründe beschrieben, die die EU als moralisches Projekt für einen Deutschen seiner Generation attraktiv machte: „Der Status quo garantierte mir ein behagliches Leben. Wohlstand, Freiheit und das Gefühl, in Europa wieder etwas zu gelten, waren für einen Deutschen meiner Generation, Jahrgang 1951, nicht nur Schlagworte. … Aufseiten der EU zu stehen war gleichbedeutend mit ethischer Überlegenheit.“[87]

Der zweite gesellschaftspolitische Bereich, in dem es zur Ausbildung bedeutsamer epistokratischer Kontrollmechanismen kam, ist die moderne Demokratie. Historisch gesehen ist diese nicht älter als 150 Jahre, zumal die Demokratie der griechischen Polis eine Elite-Veranstaltung war. Doch auch die moderne Demokratie gestaltete sich lange vornehmlich als Projekt der Wohlhabenden und Mächtigen. In den meisten Ländern verhinderte ein an die Steuerleistung gebundener Wahlzensus über Jahrzehnte die Teilhabe der Massen am politischen Entscheidungsprozess. Als sich der liberale französische Minister François Guizot in den 1840er-Jahren mit Forderungen nach einer Senkung des Zensus konfrontiert sah, war seine Antwort: „Werdet reich!“ („Enrichissez-vous!“). Diese Haltung des damals mächtigsten Ministers Frankreichs trug dazu bei, die konstitutionelle Monarchie 1848 hinwegzufegen.[88]

Guizot war mit seiner Haltung beileibe kein Einzelfall. In den meisten Ländern Europas war es eine männliche Minderheit, die wahlberechtigt war, und in Preußen blieb das Dreiklassenwahlrecht bis zum Ersten Weltkrieg in Kraft. Die Einführung des gleichen Männerwahlrechts im deutschen Nationalstaat, der 1871 aus einer Serie von Kriegen hervorging, verdankte sich der Initiative Bis-
 marcks, eines Konservativen. Dagegen sahen europäische Liberale wie François Guizot in der gleichzeitigen Befürwortung gleicher bürgerlicher Rechte und ungleicher politischer Rechte keinen Widerspruch. Denn im Grunde hielten sie das Wahlrecht nicht für ein Recht, sondern für ein Privileg. Historisch gesehen entspricht die Rede von den liberalen Demokratien deshalb einem Anachronismus. Im 19. Jahrhundert, und teilweise weit darüber hinaus, bekannten sich nur wenige Liberale zur Demokratie im modernen Sinn.[89]

Und wie stand es damit nach dem Zweiten Weltkrieg, als der Nationalismus out war und der Transnationalismus zunehmend in wurde? Hier lässt sich ein auffälliger Graben zwischen der breiten Bevölkerung und den Volksvertretern, die sie alle vier oder fünf Jahre wählen darf, feststellen. Im Gegensatz zu den europäischen Bürgerinnen und Bürgern, die sich für mehr politische Teilhabe aussprechen, ist die Mehrzahl der Berufspolitiker diesbezüglich eher skeptisch. So war in Deutschland zwischen

1998 und 2010 eine deutliche Mehrheit der Befragten für die Einführung von Volksabstimmungen auf Bundesebene. Auch viele der im Deutschen Bundestag vertretenen Parteien konnten sich noch bis vor fünfzehn Jahren die Einführung von Volksabstimmungen vorstellen. Ein Blick auf die Verlautbarungen der letzten Jahre zeigt allerdings, dass sich Deutschlands staatstragende Parteien die Sache in der Zwischenzeit nochmals (und anders)
überlegt haben. Nicht die Option bürgerlichen Mitentscheidens steht heute im Vordergrund, sondern allenfalls die Konsultation: Um möglichst bürgernah politisieren zu können, sollen Abgeordnete das Stimmvolk auch zwischen den Wahlen konsultieren. Dass sich Politiker davon einen Legitimationsgewinn erhoffen, ist offensichtlich; dass solche Konsultationen mit genuiner politischer Teilhabe wenig zu tun haben, ebenfalls.[90]

Die beschriebene historische Entwicklung verdeutlicht: Die moderne Demokratie fordert den gesellschaftlichen Status quo heraus. Wie die Meinungsfreiheit besitzt auch sie eine Affinität zur reformatorischen Ethik der *sola scriptura,* insofern auch hier Laien als urteilsfähig und damit zu staatsbürgerlichen Aktivposten erklärt werden. Allerdings ist bei der Demokratie die Verbindung zur politischen Macht deutlich enger als bei der Meinungsfreiheit, bestimmen die Bürger hier doch – neben Parlament, Exekutive und Verwaltung – ein Stück weit die Staatsgeschäfte. In der (außerhalb der Schweiz und in Teilen der USA) auf nationaler Ebene praktisch nirgends praktizierten halbdirekten Demokratie ist dieser Nexus besonders eng; denn hier wählen die Bürgerinnen und Bürger nicht nur ihre Abgeordneten, sondern entscheiden direkt auch über politische Sachfragen, was in der repräsentativen Demokratie das Privileg gewählter

Berufspolitiker ist.

Leicht zugespitzt lässt sich deshalb sagen: Während die repräsentative Demokratie selbst Teil eines epistokratischen Systems bildet – zumal die Mehrheit nationaler Abgeordneter einer universitär gebildeten Schicht entstammt, deren Mitglieder sich eine im Vergleich zum Normalbürger erhöhte Vernunftfähigkeit attestieren und der direkten Beteiligung von Bürgern in der Regel kritisch gegenüberstehen –, ist die halbdirekte Demokratie mit Initiativ- und Referendumsrecht ihre Antithese. Von ihren Gegnern wird diese deshalb oft als eine Brutstätte der Demagogie gebrandmarkt, die den Fortschritt angeblich verhindert. Aus epistokratischer Sicht ist die moderne Demokratie – je partizipatorischer sie ausgerichtet ist, desto ausgeprägter – ein mit hohen zivilisatorischen Kosten verbundenes politisches Laientheater.[91]

Es kann vor diesem Hintergrund kaum überraschen, dass der Ausbau der modernen Demokratie eine Reihe von Mechanismen zu ihrer Einhegung hervorrief. Dazu gehören die im Hinblick auf die Meinungsfreiheit bereits diskutierten moralischen Master-Narrative, besonders dasjenige von den universalen Rechten. Als noch wichtiger erweist sich mit dem Aktivismus nationaler und supranationaler Verfassungsgerichte seit einigen Jahrzehnten allerdings ein rechtlich-institutioneller Kontrollmechanismus. Der Einfluss solcher Gerichte geht heute teilweise deutlich über ihre judikative, durch die Gewaltenteilung legitimierte Funktion der Gesetzes- und Grundrechtskontrolle hinaus, wobei dies für die supranationalen Gerichte in noch stärkerem Maße zutrifft als für die Mehrzahl der nationalen Verfassungsgerichte.

Doch wie das deutsche Beispiel zeigt, gibt es auch nationale Modelle der Verfassungsgerichtsbarkeit, mit denen die Souveränität des Gesetzgebers ganz bewusst eingeschränkt wird. So delegiert das deutsche Grundgesetzt die faktische Souveränität – im Sinne eines politischen Letztentscheidungsrechts – bis zum heutigen Tag an das Bundesverfassungsgericht in Karlsruhe. Die Demokratie ist hier also nicht (wie in der Schweiz oder in einigen deutschen oder amerikanischen Bundesländern) im Sinne einer souveränen Aktivbürgerschaft oder (wie in Großbritannien) eines souveränen Parlaments konzipiert, sondern im Sinne eines durch eine deutsche (qua Grundgesetz) und europäische Verfassungsgerichtsbarkeit (qua europäische Verträge) wesentlich mitbestimmtes

Gemeinwesen. Etwas zugespitzt formuliert: Die Verfassung stellt in der Bundesrepublik die unabhängige, die demokratische Politik die abhängige Variable dar. Während in Großbritannien das Parlament und in der Schweiz die Stimmbürger bei Bedarf das Veto einlegen können, ist diese Rolle in Deutschland dem Bundesverfassungsgericht vorbehalten, das – wenn auch nicht in seiner Rhetorik, so doch in seiner Praxis – einzig die europäischen Gerichte als übergeordnete Staatsgewalt anerkennt.[92]

In Deutschland manifestiert sich dieses Verständnis von Demokratie auch darin, dass das 1949 in Kraft gesetzte Grundgesetz den Bürgerinnen und Bürgern nie – auch nicht nach der Wiedervereinigung – zur Abstimmung vorgelegt wurde. Dies obschon ein Verfassungsreferendum von den Architekten des Grundgesetzes in der Präambel („um dem staatlichen Leben für eine Übergangszeit eine neue Ordnung zu geben") und in Artikel 146 („Dieses Grundgesetz verliert seine Gültigkeit an dem Tage, an dem eine Verfassung in Kraft tritt, die von dem deutschen Volke in freier Entscheidung beschlossen worden ist.") in Aussicht gestellt und seither von mehreren politischen Gruppierungen eingefordert wurde.[93] Im deutschen Fall avancierte insbesondere der Bundestag beziehungsweise die an der Regierung beteiligten Parteien zu Fürsprechern einer strikten Verfassungsgerichtsbarkeit. Bis heute wird zur Verteidigung dieser Haltung von Politikern, die es besser wissen müssten, unter anderem der Weimar-Mythos bemüht. Danach war der Aufstieg der Nazis das Produkt von zu viel Volkssouveränität. Dabei ist hinlänglich bekannt, dass jenes Ermächtigungsgesetz, das Hitler und den Nationalsozialisten den Weg zur Macht ebnete, vom Parlament und nicht vom Volk abgesegnet wurde. Bei alledem ist zu bemerken, dass die Zahl der Stimmen aus der Wissenschaft, die die im deutschen Politikbetrieb tief verankerte epistokratische Grundhaltung kritisieren, in letzter Zeit zugenommen hat.[94]

Doch das eigentliche neue Machtzentrum der Judikative – also das Zentrum der Verrechtlichung demokratischer Politik – liegt heutzutage im transnationalen Bereich. Wenn es heute einen Stand gibt, der von seinem Selbstverständnis her einer neuen Priesterschaft gleicht, dann sind es manche Richter an den internationalen Gerichten. Dass unter den unverblümtesten Kritikern dieser Entwicklung einige bekannte Rechtsgelehrte und Verfassungsrichter sind, ist bisher nur selten bemerkt worden. Ein besonders harsches Verdikt stammt von Jonathan Sumption, ehemaliges Mitglied des 2009 gegründeten Supreme Court of the United Kingdom. Als liberaler Richter und Rechtsgelehrter ist Sumption selbstredend kein Gegner verfassungsgerichtlicher Kompetenzen. Was er als Brite beobachtet, ist die schleichende Erosion des Rechts durch den Richterstaat auf Kosten der demokratischbürgerlichen Entscheidungsgewalt. Die Verrechtlichung der Politik gehe Hand in Hand mit einer Politisierung der Gerichte in der Art, wie man sie vom amerikanischen Supreme Court schon lange kennt: „Um es mit Bezug auf das berühmte Diktum des deutschen Militärtheoretikers Clausewitz auszudrücken: Das Recht dient heute als Fortsetzung der Politik mit anderen Mitteln.“[95]

Sumptions Vorbehalte gelten vor allem dem Straßburger Gerichtshof für Menschenrechte, dem er politischen Aktionismus vorwirft. In dieselbe Kerbe schlägt mit Richard Ekins auch ein in Oxford lehrender Verfassungsrechtler: „Viele Richter und Anwälte betrachten sich als Teil des langen Marsches der Rechtsstaatlichkeit (‚rule of law‘). Ich sehe es eher als Ausweitung … der Richterherrschaft, die sich als Rechtsstaatlichkeit begreift.“[96] Auch der Rechtsphilosoph Jeffrey Goldsworthy kritisierte unlängst jenen transnationalen Konstitutionalismus, der es Gerichten ermöglicht, demokratisch legitimierte Gesetze unter Berufung auf universale Grundrechte außer Kraft zu setzen. Goldsworthy fordert, dass Richter bei der Beurteilung parlamentarischer Beschlüsse die Intention des Gesetzgebers berücksichtigen. Andernfalls machten sich Richter zum politischen Souverän, was ihnen in einem System der Gewaltenteilung nicht zustehe. Zur zentralen Bedeutung der hinter einem Gesetz stehenden Intention des Parlaments meint Goldsworthy: „Die Berücksichtigung dieses Prinzips durch die Richter hat nichts ‚Serviles' oder ‚Unterwürfiges' an sich. Außer man geht davon aus, dass es servil oder unterwürfig sei, wenn man als Richter die gesetzgebende Autorität demokratisch gewählter Parlamente und ihrer Gesetze respektiert."[97]

Auch der Europäische Gerichtshof interpretiert seine Hoheitsrechte seit den 1960er-Jahren zunehmend expansiv. Mit der Konstitutionalisierung der europäischen Verträge etablierte sich unter seinen Richtern die in der Praxis folgenreiche Auffassung, dass europäisches Recht dem nationalen vorgehe und dass seine Anwendung direkt zu erfolgen habe. Manche Professoren an Europa-Instituten werden hier einwenden: Die Macht, sich neue Kompetenzen anzueignen, die sogenannte Kompetenz-Kompetenz, liegt in der EU noch immer bei den Mitgliedsstaaten. Was rein formal zutrifft, stimmt faktisch nur noch sehr bedingt. Mit dem EuGH, dem EGMR (und nun auch der Europäischen Zentralbank) besitzt die EU heute eigene eng assoziierte Organe, die die Souveränität der Mitgliedsstaaten in vielen Bereichen aushebeln können. Dank der nicht erst seit Maastricht betriebenen Konstitutionalisierung der europäischen Verträge hat der EuGH seine Machtposition ständig ausgebaut. Diese Tendenz ist ab den 1960er-Jahren deutlich erkennbar und somit unbestreitbar. Es handelt sich hier also um ein Gericht im Dienst eines politisch definierten Endziels.[98]

Und vor allem handelt es sich um ein epistokratisches Instrument zur Einhegung demokratischer Entscheide, für die der Nationalstaat bis heute den legitimen politischen Rahmen bildet. Was dieses Instrument besonders interessant macht, ist der ihm innewohnende traditionelle Charakter: Richter werden heute zwar zumeist von Parlamentariern gewählt oder von Regierungen empfohlen; doch bilden sie eine Art von Elite, die Platos „Philosophenkönigen“ deutlich näher kommt als den in diesem Buch diskutierten, mit Katechismen bewaffneten Laienpriestern. Als Mitglieder einer kleinen Fach-Elite handeln sie, so könnte man sagen, im Stile von Priestern einer säkular verbrieften Wahrheit. Doch der Kontext, in dem transnationale Gerichte agieren, ist heute ein eminent moralischer. Im professionellen Selbstbild der beteiligten Richter verbindet sich immer häufiger der moralische Ruf nach universaler Gerechtigkeit mit der eingeforderten Unterordnung unter ein allgemeines, rechtsnormatives Rahmenwerk. Gesamthaft lässt sich bei der zunehmenden Verrechtlichung der Politik deshalb eine Symbiose von traditioneller (Richter und Gerichte) und moderner (moralische Master-Narrative) Epistokratie beobachten. Sie ist das Signum unserer Zeit. Doch im Anfang war die Reformation.

Anmerkungen

1 Thomas Cranmer, Preface to the Bible, in John Edmund Cox (ed.), *Miscellaneous Writings and Letters of Thomas Cranmer, Archbishop of Canterbury*, Cambridge: Cambridge University Press, 1896, S. 118.

2 Zu dieser Diskussion siehe, inter alia, J.D.D. Clark, "Secularisation and Modernization: The Failure of a 'Grand Narrative'", *The Historical Journal* 55/1 (2012), S. 161–194. Ruth Harris, *Lourdes: Body and Spirit in a Secular Age,* London: Penguin, 1999.

3 Eine konzise Beschreibung des Vorfalls bietet Rudolf Gamper, „Joachim Vadian und die Reformation in der Stadt St. Gallen", in Historischer Verein des Kantons St. Gallen (Hg.), *Die Reformation in der Ostschweiz. Eine Landschaft im kirchenpolitischen Umbruch,* Teil 2, St. Gallen: Historischer Verein des Kantons St. Gallen, 2018, S. 35.

4 Volker Leppin, *Die fremde Reformation. Luthers mystische Wurzeln,* München: C.H. Beck, 2016, S. 150.

5 Zum Bildersturm siehe Nicole Stadelmann, „Geordnet, geplant – zerstörerisch beendet: Die Vorgeschichte des Bildersturms in der St. Galler Klosterkirche", in *Die Reformation in der Ostschweiz,* S. 58–67. Außerdem im selben Band: Frank Jehle, „Zur Bewegung der Täufer in St. Gallen und Umgebung", S. 121–139; Stefan Sonderegger, „Geschieden und trotzdem nicht getrennt. Auswirkungen der Reformation auf das politische und wirtschaftliche Verhältnis von Kloster und Stadt St. Gallen", S. 212–225. Zur Geschichte St. Gallens allgemein, siehe Ernst Ehrenzeller, *Geschichte der Stadt St. Gallen,* St. Gallen: VGS Verlagsgemeinschaft, 1988.

6 Eine Pionierstudie stellen die Arbeiten von Robert Scribner dar, z. B. sein Aufsatz "The Reformation as a Social Movement", in Robert Scribner (ed.), *Popular Culture and Popular Movements in Reformation Germany,* London, 1987, S. 145–174. Zu Wittenberg: Nathalie Krentz, „Luther im lokalen Kontext: Zeitgenössische Durchsetzung und langfristige Traditionsbildung der Wittenberger Reformation",

in Heinz Schilling (Hg.), *Der Reformator Martin Luther 2017. Eine wissenschaftliche und gedenkpolitische Bestandsaufnahme,* Berlin: De Gruyter, 2014, S. 109–131.

7 Siehe dazu insbesondere Nathalie Zemon-Davis, "The Rites of Violence: Religious Riot in Sixteenth-Century France", *Past & Present* no. 59 (May 1973), S. 51–91. Davis zeigt am Beispiel Frankreichs allerdings auch, dass sich katholische und protestantische Reinheitsobsessionen voneinander unterschieden. Während Protestanten ihre Reinheitsobsessionen eher gegen Objekte richteten, hatten es Katholiken eher auf die Körper der verhassten Häretiker abgesehen.

8 Scott Hendrix, "Rerooting the Faith", *Church History,* vol. 69, no. 3 (2000), S. 558–577. Ähnlich sieht es Clark, "Secularisation and Modernisation", S. 184.

9 Leppin, *Die fremde Reformation,* S. 71.

10 Diarmaid MacCulloch, *Europe's House Divided 1490–1700,* London: Allen Lane, 2003, S. 224.

11 Peter Blickle, *Der Bauernkrieg. Die Revolution des Gemeinen Mannes,* München: C.H. Beck, 2018, S. 65.

12 Zur Karriere des Ideals des „Schweizer Werden" im süddeutschen Raum, siehe Thomas Brady jr, *Turning Swiss: Cities and Empire 1450–1550,* Cambridge: Cambridge University Press, 1985.

13 Krentz, „Luther im lokalen Kontext", S. 117

14 Nathalie Krentz hat die Symbolik des Verbrennungsrituals auf den Punkt gebracht: „Die Bulle wurde damit eben der Strafe zugeführt, die sie selbst verhängte." Krentz, „Luther im lokalen Kontext", S. 119–120.

15 Zitiert bei Leppin, *Fremde Reformation,* S. 115.

16 Zitiert ebenda, S. 116. Zu Luthers Interpretation von *sola scriptura* siehe insbesondere Stefan Alkier, „Sola Scriptura als epistemologisches, hermeneutisches, methodologisches und theologisches Konzept der Schriftauslegung", in derselbe (Hg.), *Sola Scriptura 1517–2017,* Tübingen: Mohr Siebeck, S. 429–477.

17 Alkier, „Sola Scriptura", S. 473–474.

18 Albrecht Beutel, „‚Sola scriptura mus sein'. Begründung und Gebrauch des Schriftprinzips bei Martin Luther", in Alkier, *Sola Scriptura,* S. 29–58, hier S. 41.

19 Peter Blickle, *Der Bauernkrieg,* S. 56.

20 Eike Wohlgast, „Die Einführung der Reformation in den deutschen Territorien zwischen 1525/26 und 1568", in Joachim Bauer und Stefan Michel (Hg.), *Der „Unterricht der Visitatoren" und die Durchsetzung der Reformation in Kursachsen,* Leipzig: Evangelische Verlagsanstalt, S. 11–34, hier S. 18. Leppin, *Die fremde Reformation,* S. 151–152.

21 Siehe dazu das am englischen Beispiel entwickelte Argument von Lucy Wooding, "Encountering the World of God in early Tudor England", *English Historical Review,* vol. CXXXVI, no. 582 (2021), S. 836–866.

22 Martin Luther, *Kleiner Katechismus: https://www2.ekir.de/inhalt/kleiner-katechismus/.*

23 Blickle, *Bauernkrieg,* S. 23. Blickle spricht von einem „bündisch-korporativen politischen Verband", den die Unterzeichner mit ihrer Deklaration begründeten.

24 Zitiert bei Blickle, *Bauernkrieg,* S. 22.

25 Martin Luther, „Wider die räuberischen und mörderischen Rotten der Bauern" (1525), in: WA 18, S. 357–361.

26 Blickle, *Bauernkrieg,* S. 26.

27 Ebenda, S. 65. Siehe auch Leppin, *Die fremde Reformation,* S. 172–174.

28 So mahnte der Zürcher Täufer Konrad Grebel den deutschen Spiritualisten Thomas Müntzer in einem Brief vom 5. September 1524, „allein das göttliche Wort unerschrocken zu predigen" und „alle menschlichen Pläne, Worte, Gebräuche und Meinungen, auch die Deiner selbst, zu verwerfen, zu hassen und zu verfluchen". Zitiert in Heinold Fast, *Der linke Flügel der Reformation. Glaubenszeugnisse der Täufer, Spiritualisten, Schwärmer und Antitrinitarier,* Bremen: Carl Schünemann Verlag, 1960, S. 14. Siehe auch Hanspeter Jecker, „Die Basler Täufer", *Basler Zeitschrift für Geschichte und Altertumskunde,* 80 (1980), S. 5–132, hier S. 27; James M. Stayer, "The Swiss Bretheren: An Exercise in Historical Definition", *Church History,* 47/2 (1978), S. 174–195.

29 Michael Schneider, „*Sola Scriptura* und gottesdienstlicher Schriftgebrauch", in Alkier, *Sola Scriptura,* S. 540–541.

30 Zu diesem Konflikt siehe Jecker, „Die Basler Täufer", S. 44.

31 Zitiert bei Heinold Fast, *Der linke Flügel der Reformation. Glaubenszeugnisse der Täufer, Spiritualisten, Schwärmer und Antitrinitarier,* Bremen: Carl Schünemann Verlag, 1962, S. 35.

32 J. B. Engelbrecht, "Calvin and the Corpus Christianum", *Theological Studies,* vol. 35, no. 1 (1975), S. 11–21. Leppin, *Die fremde Reformation,* S. 187–207.

33 Fritz Blanke, *Brüder in Christo. Die Geschichte der ältesten Täufergemeinde (Zollikon, 1525),* Zürich: Schleife Verlag, 1955.

34 Blanke, *Aus der Welt der Reformation,* Zürich: Zwingli-Verlag, 1960, S. 73.

35 Gottfried W. Locher, „Die Wandlung des Zwingli-Bildes in der neueren Forschung", *Zwingliana,* 11/9 (1963), S. 565. Fast, *Der linke Flügel der Reformation,* S. XIV–XV.

36 Fritz Blanke, *Aus der Welt der Reformation,* Zürich: Zwingli Verlag, 1960, S. 78–79; Jecker, „Die Basler Täufer".

37 Blanke, *Aus der Welt der Reformation,* S. 79.

38 Stayer, "The Swiss Bretheren"; Jecker, „Die Basler Täufer"; Fast, *Der linke Flügel der Reformation.*

39 MacCulloch, *Reformation,* S. 160–64.

40 Ebenda, S. 585.

41 Ähnlich wie MacCulloch argumentieren in dieser Frage auch Volker Leppin und Robert Scribner.

42 Bauer und Michel (Hg.), *Der „Unterricht der Visitatoren“*, S. 5.

43 Wohlgast, „Einführung der Reformation“, S. 32. Siehe auch Leppin, *Die fremde Reformation,* Kapitel VI.

44 Zitiert bei Dagmar Blaha, „Weltliche Visitationen. Zur Rolle landesherrlicher Amtsträger bei den ersten Visitationen in Kursachsen nach 1525“, in Bauer & Michel (Hg.), *Der „Unterricht der Visitatoren“*, S. 77–91.

45 Blaha, „Weltliche Visitationen“, S. 78–79.

46 Zitiert bei Volker Leppin, „Die Normierung der Frömmigkeit im „Unterricht der Visitatoren“, in Bauer & Michel, *Der „Unterricht der Visitatoren“*, S. 181.

47 Leppin, *Die fremde Reformation,* S. 182.

48 Leppin, „Die Normierung der Frömmigkeit“, S. 176.

49 Ernst Koch, „Die Bedeutung von Gesetz und Evangelium nach dem ‚Unterricht der Visitatoren‘“, in Bauer & Michel (Hg.), *Der „Unterricht der Visitatoren“*, S. 200.

50 Ebenda, S. 205.

51 Ebenda, S. 198.

52 Ebenda, S. 208.

53 Dazu insbesondere Leppin, „Die Normierung der Frömmigkeit“, S. 182–189.

54 *Injunctions given by Thomas Archbishop of Canterbury. To the Parsons, Vicars, and other Curates, in his Visitation kept within the Diocese of Hereford*, Anno Domini 1538. In Cranmer, S. 81.

55 Cranmer, *Injunctions,* S. 82.

56 Cranmer, *Injunctions,* S. 159.

57 Cranmer, *Injunctions,* S. 154.

58 Cranmer, *Injunctions,* S. 156.

59 Thomas Cranmer, Preface to the Bible, in John Edmund Cox (ed.), *Miscellaneous Writings and Letters of Thomas Cranmer, Archbishop of Canterbury*, Cambridge: Cambridge University Press, 1896, S. 118.

60 R. J. Bast, "The Political Dimension of Religious Catechisms in Fifteenth and Sixteenth Century Europe", *La Révolution française* [Online], Les catechisms républicains. Online since 16 November 2009: https://journals.openedition.org/lrf/123?lang=de.

61 Bast, "The Political Dimension of Religious Catechisms".

62 Karen E. Carter, "The Science of Salvation: French Diocesan Catechisms and Catholic Reform (1650–1800), *the Catholic Historical Review,* vol. 96, no. 2 (April 2010), S. 244.

63 Robert Fastiggi, "The Contributions of the Council of Trent to the Catholic Reformation", *Perichoresis*, vol. 18.6 (2020), S. 9. Und besonders: Robert Scribner, "The Reformation, Popular Magic and the 'Disenchantment of the World'", *The Journal of Interdisciplinary History*, vol. 23, no. 3 (1993), S. 475–494.

64 Alexandra Walsham, "Wholesome milk and strong meat: Peter Canisius' catechisms and the conversion of Protestant Britain", *British Catholic History*, vol. 32, no. 3 (2015), S. 314.

65 Konrad Ehlich, „Der Katechismus – eine Textart an der Schnittstelle von Mündlichkeit und Schriftlichkeit", *Zeitschrift für Literaturwissenschaft und Linguistik* 116 (1999), S. 9–33. Einen nützlichen historischen Überblick bietet z. B.: https://www.newworldencyclopedia.org/entry/Catechism.

66 Christa Boerke, „Luther und die Reform der Katechese", in Arnold Huijgen, John V. Fesko und Aleida Siller (Hg.) *Handbuch Heidelberger Katechismus*, Gütersloh: Gütersloher Verlagshaus, 2014, S. 23.

67 Zitiert bei Bast, "The Political Dimension of Religious Catechism", S. 2.

68 Luther Werkausgabe (WA), 30.2, S. 637.

69 Stefan Ehrenpreis, „Katechismen und Katechese. Frühneuzeitliche Schulbücher als politisch-sozialer Konfliktstoff im Konfessionellen Zeitalter", *Zeitschrift für Erziehungswissenschaft*, vol. 15 (2012), S. 49–64. Brian J. Lee, „Die Katechismen der reformierten Kirchen: ein Überblick", in Arnold Huijgen, John V. Fesko und Aleida Siller (Hg.), *Handbuch Heidelberger Katechismus* Gütersloh: Gütersloher Verlagshaus, 2014, S. 38.

70 Zitiert in Ian Green, "'For Children in Yeeres and Children in Understanding': The Emergence of the English Catechism under Elizabeth and the Early Stuarts", *Journal of Ecclesiastical History*, vol. 37, no. 3 (1986), S. 417.

71 Green, "For Children", S. 419–420.

72 Ehlich geht gar davon aus, dass manche Gruppierungen im Reformationszeitalter auf diese Weise „eine erhebliche Aufwertung ihres eigenen Stellenwertes innerhalb der Wissensgesamtverteilung" erfuhren. Ehlich, „Der Katechismus", S. 21.

73 (WA 19, 76)

74 Boerke, „Luther und die Reform der Katechese", S. 26.

75 Boerke, „Luther und die Reform der Katechese", S. 27.

76 Leppin, *Die fremde Reformation*, S. 183.

77 Bast, "The Political Dimension of Religious Catechisms", passim.

78 Walsham, "Wholesome milk", S. 299–301.

79 Carter, "Science of Salvation", S. 261.

80 Odo Marquard, *Skepsis in der Moderne. Philosophische Schriften*, Stuttgart: Reclam, 2007, S. 93–108.

81 Ebenda, S. 105–106. Die gewichtigsten Philosophen, die diesen geschichtsphilosophischen Rationalismus im Namen der Vernunft zurückwiesen, sind die schottischen Aufklärer, allen voran David Hume. Siehe dazu John Gray, "Hume on Liberty and the Market – a Twenty-First Century Perspective", Hume Occasional Paper no. 60 (The Hume Lecture 2002), S. 4–21.

82 Zur Errichtung von Verfassungsstaaten im 19. Jahrhundert, siehe Robert Gildea, *Barricades and Borders: Europe 1800–1914,* Oxford: Blackwell, 1987, und mit Bezug auf die 1848er-Revolutionen: Christopher Clark, *Revolutionary Spring: Fighting for a New World 1848–1849,* London: Penguin, 2023. Als Beispiel für einen globalen Freiheitsindex: https://worldpopulationreview.com/country-rankings/freedom-index-by-country.

83 Dazu siehe Oliver Zimmer, *Wer hat Angst vor Tell? Unzeitgemässes zur Demokratie,* Echtzeit, 2021

84 Dazu, inter alia, John Breuilly, *Nationalism and the State*, Manchester: Manchester University Press, 1982; Dieter Langewiesche, *Nation, Nationalismus, Nationalstaat,* München: C. H. Beck, 2000. Oliver Zimmer, *Nationalism in Europe 1890–1940,* London: Bloomsbury, 2003.

85 Eugene Weber, *Peasants into Frenchmen: The Modernisation of Rural France,* Berkeley: University of California Press, 1976; Oliver Zimmer, *Remaking the Rhythms of Life: German Communities in the Age of the Nation-State,* Oxford: Oxford University Press; Christopher Clark, *Culture Wars: Secular-Catholic Conflict in Nineteenth-Century Europe*, Cambridge: Cambridge University Press, 2003. Dieter Langewiesche, *Der gewaltsame Lehrer: Europas Kriege in der Moderne*, München: C. H. Beck, 2019.

86 Oliver Zimmer, „Mythos Fortschritt“, NZZ, 9.2.2019.

87 Die Zeit, nr. 4/2020, 16.1.2020. Zum alt-neuen deutschen Sendebewusstsein siehe den Beitrag von Jan Fleischhauer, „Imperialismus des Herzens“, *Der Spiegel,* 15.09.2015. Für Deutschland hat die radikalisierte Form dieser Tendenz wohl niemand scharfsinniger beschrieben als Hans-Magnus Enzensberger in seinem 1992 bei Suhrkamp veröffentlichten Essay *Die Große Wanderung* (S. 52–53): „Nirgends wird die universalistische Rhetorik höher geschätzt als hier. Die Verteidigung der Einwanderer tritt mit einem moralisierenden Gestus auf, der an Selbstgerechtigkeit nichts zu wünschen übriglässt. Losungen wie ‚Ausländer, lasst uns nicht mit den Deutschen allein!‘ oder ‚Nie wieder Deutschland!‘ zeugen von einer pharisäerhaften Umpolung. Das rassistische Klischee erscheint im Negativ.“

88 Bruno S. Frey und Oliver Zimmer, *Mehr Demokratie wagen. Für eine Teilhabe aller,* Berlin: Aufbau-Verlag, zweites Kapitel.

89 Dazu siehe Frey und Zimmer, *Mehr Demokratie wagen*, S. 43–58.

90 Siehe Gertrude Lübbe-Wolff, *Demophobie. Muss man die direkte Demokratie fürchten?,* Frankfurt am Main: Klostermann, 2023, Einleitung.

91 Zu dieser Diskussion: Frey und Zimmer, *Mehr Demokratie wagen*; Lübbe-Wolff, *Demophobie;* Dirk Jörke, *Die Größe der Demokratie,* Frankfurt am Main: Suhrkamp, 2019. Hannah F. Pitkin, "Representation and Democracy: Uneasy Alliance", *Scandinavian Political Studies,* vol. 27, issue 3 (2004), S. 335–342. Siehe auch: Oliver Zimmer, „Wenn Politiker Angst haben vor dem Volk: warum die deutsche Elite von direkter Demokratie nichts wissen will", NZZ, 25.04.2023.

92 Zu diesen Fragen siehe Heidrun Abromeit, „Volkssouveränität, Parlamentssouveränität, Verfassungssouveränität: Drei Realmodelle der Legitimation staatlichen Handelns", *Politische Vierteljahresschrift,* 36/1 (1995), S. 49–66.

93 Dazu Peter Badura, *Staatsrecht. Systematische Erläuterung des Grundgesetzes für die Bundesrepublik Deutschland,* München: C.H. Beck, 1986, S. 18–19. Schon der im Jahr 1976 vorgelegte Schlussbericht der Enquete-Kommission-Verfassungsreform konzedierte dies: Deutscher Bundestag, 7. Wahlperiode, 09.12.1976. Drucksache 7/5924, S. 2. Zögerlicher trat in dieser Hinsicht die nach der Wiedervereinigung geschaffene Verfassungskommission auf, die gesamthaft von Vertretern der Regierungsparteien dominiert wurde: Bericht der Gemeinsamen Verfassungskommission gemäß Beschluss des Deutschen Bundestages. 05.11.1993. Drucksache 800/93.

94 Schon länger trifft dies insbesondere auf Ernst-Wolfgang Böckenförde zu. Siehe vor allem seine beiden Aufsätze „Demokratische Willensbildung und Repräsentation", in Josef Isensee und Paul Kirchhof (Hg.), *Handbuch des Staatsrechts der Bundesrepublik Deutschland,* 3. Band, S. 31–54; „Verfassungsgerichtsbarkeit. Strukturfragen, Organisation, Legitimation", in E.-W. Böckenförde, *Staat, Nation, Europa. Studien zur Staatslehre, Verfassungstheorie und Rechtsphilosophie,* Frankfurt a.M.: Suhrkamp, 1999, S. 157–182. Ähnlich kritisch äußerte sich kürzlich Gertrude Lübbe-Wolff in ihrem Buch *Demophobie.* In diesen Kontext passt auch der scharfsinnige Aufsatz des Politologen Tilman Evers, „Über die verfassungsgebende Gewalt in Deutschland. Rückblick auf die Verfassungsdebatte", *Leviathan,* 26/4 (1998), S. 430–457.

95 Johathan Sumption, *Trials of the State: Law and the Decline of Politics,* London: Profile, S. 86. Ähnlich argumentiert der bekannte Rechtsphilosoph Jeremy Waldron, "The rule of law and the role of courts", *Global Constitutionalism,* 10/1 (2021), S. 91–105. Siehe auch Tom Bingham, *The Rule of Law,* London: Penguin, 2010. Bingham war als Law Lord ein dezidierter Verfechter einer britischen Bill of Rights. Doch wie die folgende Passage dokumentiert, sah auch er die Gefahr einer Machtusurpation durch die Gerichte: „Das britische Volk hat sich nicht der fremden Macht des Papsttums in spirituellen Fragen und den Prätentionen der Königsmacht in weltlichen Dingen entledigt, um sich den Urteilen nicht gewählter Richter zu unterwerfen. Eine Verfassung sollte den Willen einer klaren Mehrheit des Volkes widerspiegeln, weshalb [tiefgreifende] Verfassungsänderungen […] nur im Einklang mit diesem Willen vorgenommen werden sollten oder gar nicht." Bingham, *Rule of Law,* S. 168.

96 Richard Ekins, "The Dynamics of Judicial Power in the New British Constitution", in: http://judicialpowerproject.org.uk/wp-content/uploads/2017/02/Ekins-text-final.pdf", S. 17.

97 Jeffrey Goldsworthy, "Parliamentary Sovereignty's Premature Obituary", UK Constitutional Law Association, March 2012, in: https://ukconstitutionallaw.org/2012/03/09/jeffrey-goldsworthy-parliamentary-sovereigntys-premature-obituary S. 278.

98 Siehe dazu besonders Dieter Grimm, "Does Europe need a Constitution?", *European Law Journal,* vol. 1, no. 3 (1995), S. 282–302, sowie die Replik von J. H. H. Weiler im gleichen Heft. Außerdem: William Phelan, "The Revolutionary Doctrines of European Law and the Legal Philosophy of Robert Lecourt", *The European Journal of International Law,* vol. 28, no. 3 (2017), S. 935–957; Fritz W. Scharpf, „Das Dilemma der supranationalen Demokratie in Europa", *Leviathan,* 43/1 (2015), S. 11–28. Außerdem: Lord Hoffmann, "The Universality of Human Rights", *Judicial Studies Board Lecture,* 19.03.2009: https://enromiosini.gr/newsite16/wp-content/files/2018/07/ΣΧΕΤΙΚΟ-1.pdf.

MIX
Papier aus verantwortungsvollen Quellen
FSC
www.fsc.org
FSC® C014138

Product footprint
CO_2 Neutral
PBN-CFMCP-015258
www.preferredbynature.org

Zum Schutz der Umwelt verzichten wir bei diesem Buch
auf das Einschweißen mit Folie.

www.claudius.de

Umschlaggestaltung: Weiss Werkstatt, München
Gesetzt aus der Adobe Garamond Pro und Lucida Sans
Druck: FINIDR s.r.o, Český Těšín

ISBN 978-3-532-62896-6